# De Cara com a Violência

# DE CARA COM

# A VIOLÊNCIA

*Textos de*

Ivan Jaf *escritor*

Regina Célia Pedroso *historiadora, professora e pesquisadora da área de segurança pública*

*Ilustrações de*

Dave Santana

editora ática

*De cara com a violência*
© Ivan Jaf & Regina Célia Pedroso, 2006

Diretor editorial *Fernando Paixão*
Coordenação editorial *Claudia Morales*
Editora assistente *Angélica Pizzutto Pozzani*
Redação das notas *Anna Angotti*
Preparadora *Renata enezes da Silva*
Colaboração *Cintia Shukusawa Kanashiro*
Coordenadora de revisão *Ivany Picasso Batista*
Revisão *Cecília Setsuko Oku e Luciene Lima*

Arte
Projeto gráfico *Victor Burton*
Editoração *2 Estúdio Gráfico*
Editor de arte *Antonio Paulos*
Assistente de arte *Claudemir Camargo*
Pesquisa iconográfica *Sílvio Kligin (coord.)*

CIP-BRASIL. CATALOGAÇÃO NA FONTE
SINDICATO NACIONAL DOS EDITORES DE LIVROS, RJ.

J22d
2.ed.

Jaf, Ivan, 1957-
De cara com a violência / Ivan Jaf, Regina Célia Pedroso ; ilustração de Dave Santana. - 2.ed. - São Paulo : Ática, 2009.
96p. : il. -(Jovem cidadão)

Acompanhado de suplemento de leitura
ISBN 978-85-08-12576-0

1. Violência - Literatura infantojuvenil brasileira. I. Pedroso, Regina Célia. II. Santana, Dave. III. Título. IV. Série.

09-2234. CDD: 028.5
CDU: 087.5

ISBN 978 85 08 12576-0 (aluno)
ISBN 978 85 08 10852-7 (professor)
Código de obra CL 736843

2013
2ª edição
3ª impressão
Impressão e acabamento: Gráfica Ave Maria


Av. Otaviano Alves de Lima, 4400 – CEP 02909-900 – São Paulo, SP
Atendimento ao cliente: 4003-3061 – atendimento@atica.com.br
www.atica.com.br



# Sumário

CAPÍTULO 1

# O fuzil

O carro preto tinha vidros muito escuros.

As pessoas cobriam os vidros dos carros com películas escuras para que os assaltantes, nos sinais de trânsito, não soubessem quem estava dentro.

Mas os bandidos também cobriam os vidros dos carros, para se esconder da polícia e dos outros bandidos. E a polícia à paisana também, para se proteger dos bandidos.

O **olheiro** que trabalhava para Marcinho era um garoto muito novo, uns doze anos, mal aguentava o fuzil. E ainda por cima estava distraído, acompanhando a novela das oito numa tevê que se via através da janela aberta do barraco da esquina.

Os **olheiros** vigiam os pontos de venda de droga e alertam os traficantes caso haja alguma movimentação estranha.

Quando o carro preto dobrou, vindo do asfalto, e parou em frente ao garoto, com todos aqueles vidros escuros que não deixavam ver quem estava dentro, era tarde demais para ele acender um morteiro e avisar os traficantes lá no alto do morro.

Era noite. Os outros olheiros, que soltavam pipa de cima das lajes, já não estavam de serviço. Àquela hora já estavam todos doidões, em algum barraco. O toque de recolher decretado por Marcinho deixava a favela parada. Depois das dez horas ninguém circulava pelas vielas, a não ser os gatos, os vira-latas e os soldados do tráfico. E o único som era o dos aparelhos de tevê.

O garoto chegou a apontar o fuzil para o carro, mas não teve coragem. Era a primeira vez. Acabou atirando para o alto. Uma saraivada de balas

Assim como nas empresas, as atividades do narcotráfico são organizadas segundo uma hierarquia. Os chefes comandam as operações do tráfico. Os **gerentes do tráfico** são responsáveis pelo repasse da droga e pela administração da atividade dos outros. Quem cuida do transporte são os vapores, também chamados de aviões. Os **soldados** são os seguranças do tráfico: andam armados, protegendo os pontos de venda e os traficantes.

desgovernadas, porque ele não conseguiu segurar o tranco da arma. Os cães latiram. E tudo começou.

As portas do carro preto não chegaram a abrir. Nem os vidros.

Nando, um dos **gerentes do tráfico**, viu a cena pela fresta do barraco onde estava, fazendo uma partilha de cocaína: o garoto ainda atirando com o fuzil. Nando sacou a pistola automática que sempre trazia na cintura, pulou pela janela, deitou na laje do barraco em frente e abriu fogo contra o carro.

Cinco tiros seguidos. Três nos pneus.

O carro não ia poder mais sair dali.

Um minuto depois apareceram **soldados do tráfico** de todos os lados, de dentro de barracos, de cima das lajes, de becos escuros, submetralhadoras nas mãos, mas não entenderam o que acontecia e não atiraram contra o carro preto.

Naqueles segundos de vacilo e barulho, não escutaram os dois camburões chegando. Eles frearam atrás do carro preto e os policiais começaram a atirar no garoto com o fuzil.

Era um garoto muito magro e esperto. Ele dobrou a esquina e fugiu, enquanto as balas da polícia atingiam o barraco atrás dele, atravessando as paredes de madeira. A televisão explodiu. Uma mulher gritou.

Os soldados do tráfico metralharam os camburões, mas os policiais já tinham saído e estavam entrincheirados atrás de postes e caçambas de entulho.

O tiroteio explodiu, intenso.

O carro preto no meio, parado. Os tiros começaram a espatifar vidros, a furar a lataria. De dentro do carro, nenhum grito.

Ouviram um policial pedindo reforços pelo rádio.

Nando, o representante de Marcinho ali, gritou para recuarem. Se eles entrassem na favela a polícia parava ali, no asfalto. Era esse o acordo. Era pra isso que pagavam mensalmente à polícia. Aquilo tinha sido vacilo do garoto. Fuzil ali não era para ser usado. Era só para meter medo. Bastava acender uns morteiros.

Seus soldados recuaram, atirando, já sem querer acertar, voltando para os becos, as lajes, os buracos escuros. A polícia também foi poupando munição, atirando para o alto. O problema estava quase resolvido. Mas aí o carro preto acelerou.

Ele tinha ficado ligado todo o tempo. Acelerou e começou uma marcha a ré muito rápida, com os pneus estropiados arrancando fagulhas do asfalto.

Nando atirou de novo nele, com sua automática. Pura adrenalina. Não precisava ter feito isso. Se fosse gente da outra **facção**, a polícia se encarregaria deles. Isso também fazia parte do acordo. Estilhaçou o vidro da frente com três disparos.

O tráfico é controlado por facções criminosas, cada uma com suas zonas de atuação e regras próprias. Quando uma **facção** atrapalha os interesses da outra, uma guerra entre seus integrantes é desencadeada. As mais poderosas facções criminosas do Brasil são o Primeiro Comando da Capital (em São Paulo) e o Comando Vermelho (no Rio de Janeiro).

O carro preto bateu de traseira num poste.

Ficou lá, quieto.

Os soldados do tráfico voltaram a apontar as armas para ele. Os policiais também.

A porta do lado do motorista se abriu. Lentamente. Um braço branco e fino apareceu, empurrando a porta, com dificuldade.

Uma mulher, de uns trinta anos, de camiseta branca, apareceu. O sangue escorria de um buraco de bala na altura do ombro direito.

Ela carregava um bebê.

Tinha uma expressão alucinada, os olhos muito abertos, os cacos de vidro brilhavam entre seus cabelos revoltos.

Olhou para todos aqueles homens lhe apontando armas, abraçando muito o bebê, tentando protegê-lo com o próprio corpo.

Através do vidro quebrado, viram que ela estava sozinha.

Ela não conseguia gritar.

Só então o bebê começou a chorar.

***

CAPÍTULO 2

# Os irmãos

Nando foi para o alto do morro, sentou na beirada de uma laje, olhando o Rio de Janeiro de cima, esperando as coisas esfriarem. Depois de um tiroteio daqueles era sempre a mesma coisa. Outras viaturas da polícia chegavam, sirenes ligadas, bastante barulho, alguns jornalistas, o cálculo das balas perdidas... Tinha havido uma vítima. Uma mulher branca, da classe média. Então fariam **perícia** e concluiriam que a bala partira da arma de um traficante. Daquela vez até era verdade. Ele acertara a mulher. Podia ter matado o bebê. Estava se sentindo estranho. Um gosto amargo na boca.

Quando há dúvidas sobre os detalhes de um crime, a justiça ou a polícia devem pedir uma **perícia**, que é um exame técnico e especializado – e também o nome do grupo de profissionais responsável por esse trabalho. O laudo (ou relatório) resultante da avaliação da perícia é considerado uma prova.

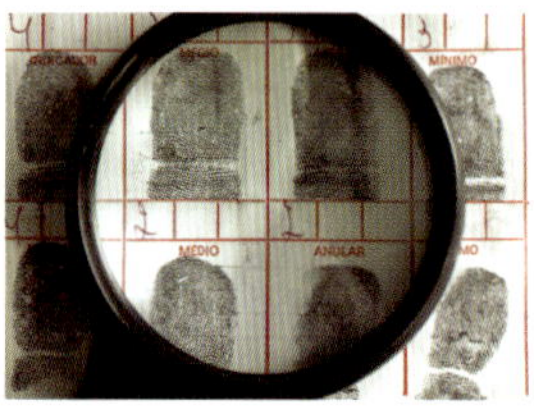

Os tiros da polícia que vararam o barraco de madeira haviam passado por cima da família de seu Júlio, o pedreiro. Ninguém se feriu porque eles sempre se jogavam no chão quando ouviam o primeiro tiro. Disso os jornais não falavam. Nem faziam perícia. No dia seguinte, antes de ir para o trabalho, seu Júlio cobriria os buracos na parede com massa corrida, pra ninguém ficar lembrando e a vida seguir com uma aparência normal.

Depois de um tiroteio, as noites ficavam tranquilas, a favela relaxava, como a paz que se sente quando se alivia uma tensão. O comércio de droga parava. Mais uma noite sem venda para os vapores. Ali ninguém comprava mais cocaína nem maconha. Só amanhã.

Nando lembrou que podia mandar os aviões descerem pelo outro lado, ativar a **boca** virada pra avenida larga que passava atrás do morro e... Não. Ele não estava se sentindo bem. Não queria fazer nada. Tudo parecia muito estranho.

Os pontos de venda de droga são comumente chamados de **boca**, ou boca de fumo.

A imagem da mãe e do bebê não lhe saía da cabeça.

A mulher devia ter se perdido. Tomou a rua errada, só isso. Ia abrir o vidro, pedir informações para o garoto. Mas não tinha visto o fuzil.

Ela e o bebê iam morrer à toa.

Uma porção de gente morria à toa.

Naquela noite ele ia tirar a vida de uma mulher e um bebê. À toa.

Já tinha visto seu irmão morrer assim. Por causa de um tênis. Antes de Marcinho se tornar chefe do tráfico, era Didi quem mandava. Não queria roubo pequeno na área, isso só servia pra atrair a polícia. Da primeira vez deu um tiro na mão do irmão de Nando. O moleque tinha só doze anos. Ele insistiu. Roubou outro tênis, na saída de um colégio de bacanas, há quatro quadras da subida do morro. Didi chamou os dois. Deu um tiro de pistola na cabeça do irmão, na frente de Nando. Depois mandou Nando levar o corpo pro pai. A família enterrou. Ninguém reagiu. O pai ficou meio louco, começou a bater na mãe, todas as noites, até sumir no mundo. Ele ficou sozinho com a mãe e o outro irmão, mais velho, Paulão, deficiente físico.

Tudo isso por causa de um tênis importado.

Que diabo fazia um moleque de doze anos precisar tanto assim de um tênis importado?

Sempre que via as propagandas de tênis, com craques de futebol sorrindo, fechava os olhos e lembrava a bala entrando na cabeça do irmão. O sonho dele era ser jogador de futebol. Levar a vida que eles levavam. Ter tênis como aqueles.

Agora, ele também já havia matado. Mas de longe, atirando em polícia, em bandido, sem nem saber em quem. Era a guerra, e na guerra as mortes não parecem à toa.

Mas uma mãe e um bebê...

Deu um pulo e levantou. Ficou de pé sobre a laje, ajeitou a pistola na bermuda e disse para si mesmo que a vida é assim, que se dane, que todo mundo vai morrer um dia e que os bacanas lá de baixo tinham é de ficar espertos, senão dançavam, como qualquer um.

Ainda havia trabalho a fazer. Não se ouviam mais sirenes. Não morrera ninguém do morro. Nando desceu as vielas escuras, de volta ao barraco onde fazia a partilha da cocaína.

O **tijolo de cocaína** é a forma mais usada no transporte de longa distância da droga. Em blocos que pesam entre cerca de 500 gramas e um quilo e meio, a cocaína viaja dos países onde é produzida (principalmente Bolívia, Colômbia e Peru) para os países do mundo inteiro onde é consumida. Antes de chegar ao consumidor final, já em pó, a droga geralmente recebe um tratamento para que "renda" mais: são misturados outros produtos químicos e até talco, pó de giz, maisena etc.

Mas continuava esquisito.

Bateu na porta do barraco. Paulão abriu. As lâmpadas estavam apagadas. Paulão ficara tomando conta do **tijolo de cocaína**. Também, não podia ir longe, preso àquelas muletas.

– O bicho pegou feio lá embaixo – Nando falou, acendendo a lâmpada fraca sobre a mesa onde estavam a balança, o tijolo de cocaína e os sacos plásticos pequenos.

– Eu falei pra não deixar um fuzil na mão daquele garoto – Paulão resmungou. – O cara vai trabalhar de uniforme do colégio. Acertaram ele?

– Não. Fugiu que nem um gato.

– Você tá legal?

– Tô.

– Tá com cara de quem viu o que não queria.

– Não é nada. E o trabalho? Isso tem que tá pronto de manhã.

– Tô achando que tem pouca maisena, Nando.

– Pouca? Tem mais de cinco quilos de maisena. Desse tijolo aqui dá pra fazer cinco. A gente mistura tanta maisena no pó que acho que a cocaína de hoje em dia até alimenta.

Paulão riu.

Nando colocou sua automática sobre a mesa. Recomeçaram a trabalhar, em silêncio.

– Você tá muito estranho – insistiu Paulão, pouco depois.

– Não enche, cara.

– Sou teu irmão. Fala aí.

– Nada. É que quase apaguei uma mulher e um bebê.

– Hoje?

– É, num carro preto, todo escuro. Não sei como é que ficaram vivos. Devem ter se abaixado no fundo do carro. Mas aí, quando ela tava tentando escapar, eu ainda atiro no vidro, cara... Acertei ela no ombro.

– *Tu tava* se defendendo...

Nando não respondeu.

Colocou uma colherzinha de cocaína num dos pratos da balança e outras cinco de maisena, virou a mistura dentro de um dos saquinhos plásticos e grampeou. Depois levantou e foi até a janela.

– *Tu nunca deu* pra esse serviço, *brother* – disse Paulão.

– Tá falando de quê?

– *Tu é* diferente, Nando. De verdade. *Tu nunca quis* entrar nessa vida. *Tu não tem* vocação, tá sabendo?

– Como não tenho? Olha onde eu cheguei. Sou gerente, mano. Acima de mim só tem o Marcinho, falou?

– Pois é. Gerente. *Tu é* bom nos números, sabe organizar as coisas. Mas matar nunca foi contigo. E isso é um defeito na tua profissão.

– Legal. E quer que eu faça o que, aqui no morro?

– Sei lá. Podia fazer carreira em outra coisa. Roubar carro, furto de residência... taí, cara, sequestro-relâmpago pode ser uma boa.

Nando deu um cascudo na cabeça de Paulão e riu:

– Rapa fora, negão. Tá falando demais hoje. Vai pro barraco. Não gosto de deixar a mãe sozinha quando tem tiroteio. Alguém de outro morro pode se aproveitar da confusão. Vai com cuidado.

CAPÍTULO 3

# A estatística

Nando ainda ficou na janela um tempo, vendo o irmão se esgueirar com as muletas entre as vielas apertadas e escuras.

Aquele teve sorte, pensou. Estava fora do jogo. Uma bala da polícia na base da coluna, fugindo de uma **blitz**. O carro cheio de droga. Não apreenderam nada. Paulão deu entrada no hospital como vítima de bala perdida. Ficha limpa. Agora vivia de **biscate**. Se poupava. Estava ficando até meio filósofo. Pelo menos ia morrer velho. Alguém para cuidar da mãe na velhice dela.

**Blitz** é uma batida policial inesperada e realizada de modo coordenado. Geralmente tem como foco a apreensão de drogas e armas ilegais. Deriva da palavra alemã Blitzkrieg (guerra-relâmpago).

Diz-se que vive de **biscate** quem não tem um emprego fixo, mas sobrevive de pequenos trabalhos eventuais ou temporários, geralmente informais, também conhecidos por bicos.

Paulão tinha razão, ele não gostava de matar. Tinha chegado a gerente do tráfico porque era amigo de infância de Marcinho, o chefe. Não tinha sido nem olheiro, nem soldado, nem vapor nem avião. Direto para a gerência da primeira boca, junto do asfalto. A boca que atraía mais *playboy* da zona sul. A boca que tinha mais movimento. A boca mais cobiçada. Alguma hora ia precisar matar.

Marcinho confiava nele. Nando era bom de conta. Um negociante. Sabia até aplicar dinheiro em banco. Mexia com computador. Preenchia papelada. Selecionava pessoal. Se tivesse tido oportunidade podia ter sido um empresário. Tinha estudado, quase terminou o segundo grau. Se tivesse tido mais oportunidades. Se não fosse tão fácil ganhar dinheiro com o tráfico, e tão difícil com qualquer outra coisa...

Começou a trabalhar. Cortou com a faca o plástico-bolha, depois a fita adesiva e o papel pardo que embrulhavam o tijolo de cocaína. Era o último pacote. Tinha a noite toda pela frente. Sabia que não ia conseguir dormir mesmo.

Pegou uma folha de jornal da pilha ao lado da cadeira e a estendeu sobre a mesa. Sempre caía um pouco de cocaína, e no final do serviço ele a recolhia com o jornal e cheirava.

Aquela noite estava estranha.

No jornal aberto a sua frente, em letras bem grandes, uma reportagem sobre a violência urbana. O desenho de um gráfico. Uma estatística. Ele gostava de números. Leu que a vítima mais frequente de assassinato era homem, pobre, negro, entre 16 e 24 anos.

Ele era homem...negro e pobre. E ia fazer 25 no mês seguinte, dia 17.

Era como se tivesse só um mês de vida.

Ou, se quisesse continuar vivo, um mês para mudar de vida.

Riu da ideia maluca.

Mas o gosto amargo voltou. A cena da mulher segurando a criança, com os cabelos cheios de cacos de vidro. Levantou. Precisava parar de pensar naquilo. Foi até a janela. Apoiou as mãos no batente, respirou fundo, esticou a coluna.

Foi então que o tiro de fuzil o acertou.

Sente-se o impacto antes de ouvir o barulho. É como um raio.

Foi jogado para trás. Um espelho na parede oposta explodiu. Sua mão bateu na lâmpada do barraco e a estourou. Ficou deitado no chão, a cabeça zunindo, olhando para o teto.

Continuava vivo. Arrastou-se até a mesa, atrás de sua pistola. Não enxergava nada. O sangue escorria sobre seus olhos. Esticou o braço, derrubou uma cadeira, pegou a arma, arrastou-se para um canto e se encolheu.

Silêncio. Tinha sido um tiro só. Ele, de bobeira, na janela de um barraco do tráfico. Um alvo de bandeja. Vacilo imperdoável. Alguém que queria ser gerente. Alguém que gostava de matar. Alguém que subiria naquela profissão. A noite perfeita para acabar com um rival. Um tiro de fuzil, de muito longe. Depois era só pôr a culpa na polícia.

Nando ficou naquele canto escuro do barraco até os primeiros raios de sol. Se levantasse, podia ser atingido de novo. De longe. Ficou todo o tempo apontando a pistola para a porta. Podia ser gente dali mesmo. Acerto de contas. **Queima de arquivo**. Não, Marcinho não ia deixar. Ninguém subiria até ali, atrás dele, sem falar com Marcinho. Ninguém ia aparecer. Ninguém ia se comprometer.

Com o objetivo de eliminar provas ou testemunhas de atividades ilegais, a **queima de arquivo** é prática comum entre criminosos. Alguns exemplos são homicídios de testemunhas e incêndios em locais que abrigam provas de um crime. O ideal é que o crime de queima de arquivo pareça acidental.

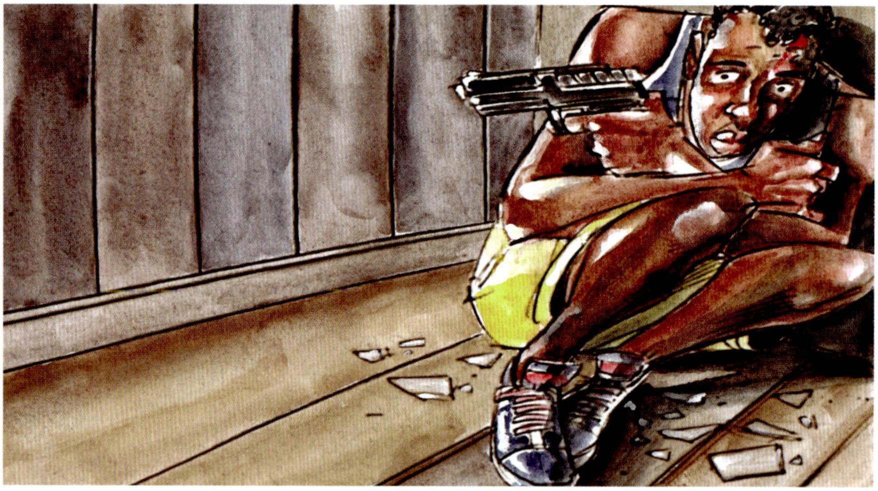

Enxugou o sangue com a camiseta. Ficou apertando o corte com o dedo. A bala de fuzil fizera um corte feio na testa. Quando o sangue estancou, amarrou a camiseta na cabeça. Estava vivo por um milímetro ou dois.

A bala estava incrustada na parede.

Foi a noite mais longa da sua vida.

Acuado como um rato na toca.

Chorou. Tremeu de medo e desamparo. Começou a pensar em coisas que nunca tinha pensado. Ouviu vozes dentro da cabeça. Chegou a mijar na bermuda.

Não queria morrer. Queria ficar velho. Queria ter uma mulher e um bebê, como aquele que ele quase matou. A única coisa que seu pai tinha deixado para ele, antes de sumir no mundo, era a vida. Queria ficar velho. Só pensava nisso.

Quando o dia clareou, e o movimento voltou à favela, com as pessoas indo para o trabalho, as crianças correndo para a escola e os soldados do tráfico ocupando seus postos, Nando afinal se levantou. Precisava continuar a ensacar o pó. O pessoal da boca estava esperando. O trabalho começava cedo. Arrastou a mesa e a cadeira para longe da janela. Havia cacos de espelho por todo lado. Sacudiu os envelopes de cocaína, limpou o que restava do tijolo, pôs a balança sobre a cadeira e sacudiu o jornal que forrava a mesa, voltando a estendê-lo, de cabeça para baixo.

Foi aí que teve a revelação definitiva.

Capítulo 4

# A máquina

Osmar acabava de abrir as portas de aço de seu botequim, bem na esquina entre o asfalto e a rua de paralelepípedos que formava a entrada da favela, quando Nando apareceu, muito agitado, com uma tira de pano enrolada na cabeça, manchada de sangue, e um boné para disfarçar.

– Entra e fecha o bar de novo, tio.

Osmar obedeceu. Lá dentro estava escuro e cheirando a mijo e fritura. Um gato saiu correndo para a rua.

– Teve show ontem – Osmar falou. – Eu ouvi. Sobrou pra você, garoto?

– Isso aqui não foi na festa com a polícia. Me acertaram depois.

– Vai contar pro teu tio?

Osmar era um negro gordo e alto, sempre de jeans, camiseta sem manga, sandália de plástico e um sorriso. Era irmão da mãe de Nando. Passou para trás do balcão para acender a luz. Uma lâmpada só, pendurada por um fio engordurado que caía do teto, bem no meio do botequim.

Depois ficou passando um pano sujo sobre o balcão envidraçado que dava para a rua. Nando esticou a folha de jornal sobre o balcão.

– Que foi, garoto? – perguntou Osmar. – Tá com uma cara esquisita. Viu fantasma?

– Olha aqui – Nando apontou para o jornal.

– Tô olhando.

– Escuta, tio... ontem à noite eu recebi uma mensagem...

– De quem?

As porções de cocaína vendidas para os consumidores finais são normalmente acondicionadas em pequenos sacos plásticos. É o **sacolé**, uma referência ao refresco de frutas congelado vendido para crianças no mesmo tipo de embalagem.

– Sei lá.

– Vai ver que era engano.

– Escuta. Eu tava no serviço, fazendo **sacolé** de uns tijolo desse tamanho de pó. Aí peguei um jornal qualquer, de uma pilha que o Paulão trouxe. É este jornal aqui, tio. Olha. Aqui diz que um cara como eu só dura até 25 anos. Não me olha com essa cara. Eu sei que a gente sabe disso. Mas é que a noite de ontem foi estranha. Primeiro chega um carro preto e eu quase mato uma mãe e um bebê. Fiquei mal pra caramba. O Paulão tem razão. Eu não dou pra essa vida, tio.

– Essa história tá um pouco confusa...

– Acabei de ler que eu era o cara da estatística... aí vou até a janela e tomo um tiro! Tá entendendo? Uma bala de fuzil passa bem aqui. Mais um milímetro pra esquerda e explode meus miolos! Fiquei no escuro a noite toda, tio. Pensando na vida. Tentando achar uma saída. Pra continuar vivo. Pra sair dessa. É como se eu tivesse só um mês. Mas não tem solução. Quem tá dentro não sai, não é assim? Todo mundo sabe. De manhã começo a limpar tudo, pra terminar o serviço, aí limpo o jornal, cheio de caco de lâmpada, e quando viro a folha... – Nando vira o jornal sobre o balcão e aponta – aí a solução pra minha vida aparece!

– Eu já te disse que o bom vendedor não deve usar o produto que vende... – falou o tio balançando a cabeça.

– Eu não cheirei, tio. Nem fumei maconha. Juro. Eu tô careta. Não é piração minha, não. Olha o jornal! Lê aqui! Não tá vendo?

Osmar se debruçou sobre o balcão para olhar de perto.

Nando apontava para o grande anúncio de uma máquina de fazer fraldas descartáveis.

– Olha o meu futuro aí, tio!

– Teu futuro é uma máquina de fralda descartável?

– É. Vou largar o tráfico. Vou comprar uma máquina dessas e fazer fraldas pra vender. Vou virar empresário.

– Tem certeza de que a bala não entrou na tua testa?

– Tio, eu quero morrer velho. Que nem você.

– Tá. Largar o tráfico. Até aí tudo bem. Eu até dou força. É complicado, vai correr perigo, mas até pode ser. De repente o Marcinho é teu amigo, até consente. Mas fralda descartável... Para com isso.

– Presta atenção! Ficou tudo claro na minha cabeça. Primeiro o bebê, que eu quase matei. Depois a estatística dizendo que eu tenho mais um mês de vida. Depois o tiro de fuzil. E aí a máquina de fazer fralda. A mensagem começou com o bebê e terminou com a fralda, sacou?

– E você vai largar a cocaína? Vai abrir uma boca de fralda?

– Já viu quanto bebê tem no mundo? E quanto velho? Bebê e velho usam fralda. Só a gente é que não usa!

– Vai pra casa, garoto. Deixa a tua mãe fazer um curativo aí. Teu juízo tá saindo pela ferida.

– Tio, eu vim te procurar pra pedir ajuda. Quero largar tudo e abrir um negócio. Eu sou bom com números. Sei organizar as coisas. Vou ser empresário. Mas preciso de grana pra comprar a máquina.

Osmar balançou a cabeça e riu.

– Não tá levando fé em mim, tio? Você sempre foi meu camarada. Já me emprestou grana antes e eu paguei.

– Mas aquele era um bom negócio. Sem erro.

– Quer dizer que pra vender cocaína tudo bem, mas pra começar uma vida direita tá fazendo jogo duro?

– Não se trata disso. Naquele tempo eu tava com grana. Agora tô mais duro que beirada de sino. Mas vem cá... mesmo que eu tivesse, *tu acha* que eu ia botar meu dinheiro em fralda? Tá me achando com cara de otário? Se *tu quer* mesmo comprar essa máquina, por que não bota teu dinheiro na parada? Eu sei que *tu tá* ganhando bem. Mais que eu. Eu só tenho esse botequim. Se *tu quer* saber o que é levar uma vidinha miserável, é só perguntar pra mim.

Nando não respondeu. Começou a dobrar o jornal, e o guardou no bolso de trás da bermuda.

– Tio, não dá pra botar o meu dinheiro nisso... faz parte da revelação.

– Nunca vi uma revelação tão complicada.

– Depois que eu vi esse anúncio da fralda... Era como uma voz que falava dentro da minha cabeça. Ela disse que eu não podia usar a grana do tráfico pra comprar a máquina de fazer fralda. Não posso mudar de vida com grana suja. Eu quase matei um bebê. Tenho de parar de fazer coisa ruim. Começar vida nova...

– Essa voz que *tu ouviu*, isso é só remorso. Tá. Faz isso. Cai fora do tráfico. Mas não com o meu dinheiro, porque eu tô sem nenhum.

– De qualquer jeito, eu tenho de devolver a cocaína pro Marcinho, e devolver toda a grana também, pra sair limpo... Se eu não acertar as contas com o pessoal antes de saltar fora, tô morto. Não vai sobrar nada.

– Faz o que a tal voz mandar, mas me tira dessa parada, garoto. O meu *tu não vai* ver de jeito nenhum.

Nando abaixou a cabeça, abriu novamente a porta de aço e saiu do botequim.

Osmar ficou parado, passando o pano no balcão, olhando o sobrinho, com pena. Começou a pensar em ajudar... mas fazer fralda descartável era uma ideia maluca demais.

Nando parou na calçada, desorientado. Encostou num poste. Ficou pensando. De repente, tornou a dar meia-volta e entrou de novo no botequim. Dessa vez, empunhando a pistola.

Osmar deu um passo para trás:

– Que é isso, garoto! Na mão grande não vale! Sou teu tio! Vai me assaltar? Ainda é cedo. Eu vou morrer por causa de fralda?

Nando colocou a pistola sobre o balcão.

– Fica frio, tio. Já sei como é que vou descolar a grana pra mudar de vida.

– E como é?

– A pistola fica aqui. Avisa a freguesia que eu tô rifando o **berro**.

**Berro** é uma gíria para revólver ou pistola – armas de fogo leves, de cano muito curto e que podem ser operadas com uma mão só.

***

## AFINAL, O QUE É A VIOLÊNCIA?

O **uso da força física** como forma de repressão sempre existiu na história da humanidade. Foi por meio da violência que populações foram dizimadas – um triste exemplo foi o genocídio de judeus na Segunda Guerra –, e territórios, conquistados – como no caso, por exemplo, da conquista do Império Persa por Alexandre, o Grande, e da criação e expansão do Império Romano.

Até hoje, em todos os países do mundo, há registro de crimes de vingança e ódio. A mídia, de um modo geral, a todo instante nos informa sobre novos e lamentáveis acontecimentos que resultam do uso de violência. E nas ruas, as pessoas sempre comentam sobre um assalto, uma briga, uma discussão, um acidente de carro, uma ação de desrespeito ou discriminação.

Existem várias **formas de violência.** Usar de crueldade física contra alguém é, decerto, a que primeiro vem à cabeça. Entretanto, intimidar moralmente, discriminar ou subjugar psicologicamente uma pessoa, ou um grupo, também são formas de violência. Valer-se do poder, do dinheiro, de um cargo ou posição para impor a uma pessoa ou a uma comunidade aquilo que ela não quer é umas das muitas expressões da violência. Não menos violenta, embora muitas vezes menos notada, é a ação de quem nos priva de um direito ou nos impede de desfrutar, como qualquer outro cidadão, do direito à Justiça. A fome, portanto, é uma violência, e também o desemprego, o abandono de crianças, jovens e idosos, e tantas outras coisas.

Como você pode perceber, qualquer definição de violência será sempre uma simplificação de algo bem mais complexo.

A história de Nando, o jovem que mora em um morro carioca e trabalha como gerente do tráfico,

A FOME, COMO PRIVAÇÃO DO DIREITO À VIDA, É UMA FORMA DE VIOLÊNCIA.

revela vários tipos de violência presentes na sociedade e que afetam as pessoas de diferentes maneiras. Mais do que isso: criam destinos previsíveis e trágicos.

Nando subiu em um posto importante na favela por ser amigo de infância do chefe do tráfico. Ele é vítima, protagonista e autor de vários tipos de violência: doméstica, moral e física. Prestes a completar 25 anos, o jovem gerente do tráfico descobre que seu maior sonho é casar, ter um filho e ficar velho. E por que isso não seria possível? Ele lê uma notícia no jornal, no dia seguinte ao levar um tiro de raspão, que soa como uma profecia: as vítimas mais frequentes de assassinato são homens, pobres e negros, entre 16 e 24 anos, assim como ele.

Nando talvez nunca tivesse pensado na origem da palavra *violência*. No entanto, parece ter percebido que em seu significado existe a noção de uma força imposta, seja física ou não. O termo latino *violentia* advém de *violentus* que, por sua vez, tem a mesma origem do verbo latino *violare* – em português: *violar*.

De onde vêm, então, *violência* e *violar*? Vêm de *vis*, que significa "força", "força dos ventos, força das tempestades", e, também, "violência". Mesmo em sua origem, portanto, *violência* significa "má utilização da força". E se *violar*, em latim é "usar de violência", "tratar com desrespeito" ou "transgredir uma lei", pode-se dizer, então, que violência é toda violação por meio de força, física ou não, de um direito, desde o direito à integridade, física e moral, àquele que nem todos sabem, mas todos têm: o de fazer valer os seus direitos.

DOROTHY STANG, MISSIONÁRIA NORTE-AMERICANA QUE FOI ASSASSINADA NO PARÁ EM 2005, LUTAVA PELA MINIMIZAÇÃO DOS CONFLITOS FUNDIÁRIOS NA REGIÃO.

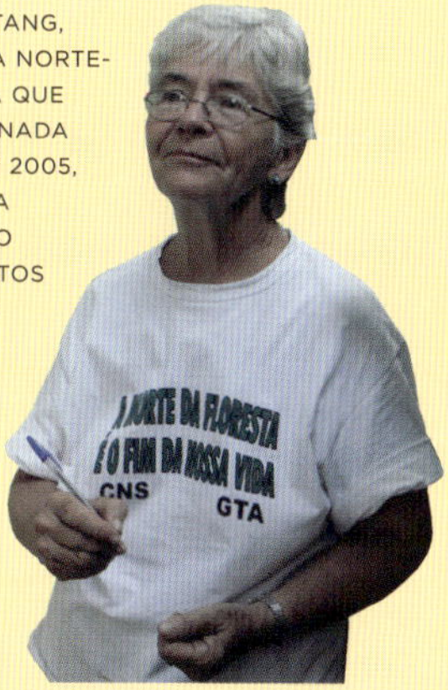


A forma como a violência se manifesta, entretanto, muda de acordo com diversos fatores. E isso de continente para continente, de país para país, de um lugar para outro. No Brasil, por exemplo, cada região tem suas características quando o assunto é violência ou criminalidade. No Norte do país, por exemplo, quantas pessoas não têm sido vitimadas por serem contrárias à exploração ilegal de madeira, à grilagem de terras, à expansão do pasto na Amazônia e à exploração dos trabalhadores rurais? Chico Mendes, no Acre; a freira Dorothy Stang, João Canuto e filhos, no Pará, e dezenas de outros. Hoje em dia, no litoral do Nordeste, quantos jovens e crianças não se tornam vítimas da exploração sexual, do turismo sexual?

E, assim, de região para região, a face da violência ganha novos traços.

Como uma grande rede, o **tráfico** de armas e de entorpecentes – seja através de um colarinho-branco, morador do asfalto ou soldados do tráfico – se estende pelas grandes cidades, tomando-as, muitas vezes, de assalto, ditando regras, estabelecendo limites, infiltrando-se nas instituições, corrompendo as polícias, desestabilizando as famílias, contrapondo-se à ordem. A **geografia do crime,** portanto, não se restringe apenas aos morros e favelas. Os pontos mais próximos da classe média, apontada nas estatísticas como a principal consumidora de drogas, são os mais concorridos pela criminalidade.

MUITAS MENORES DE IDADE SÃO VÍTIMAS DE EXPLORAÇÃO SEXUAL. NA FOTO, TURISTA ESTRANGEIRO É ABRAÇADO PELA MENOR A.C.R.D., 13 ANOS, EM FORTALEZA (CE). (IMAGEM DESFOCADA PARA NÃO PERMITIR A IDENTIFICAÇÃO)

# PAÍS É 5º EM RANKING DE HOMICÍDIOS DE JOVENS

Segundo a pesquisa **Mapa da Violência 4** – *Os Jovens do Brasil*, realizada pela Unesco (Organização das Nações Unidas para a Educação, Ciência e Cultura) a cada dois anos, o Brasil é o quinto em um ranking de 67 países com as maiores taxas de homicídios de jovens na faixa dos 15 aos 24 anos. Somente Colômbia, Ilhas Virgens, El Salvador e Venezuela apresentam taxas superiores.

Dados alarmantes mostram que a maioria das vítimas é **homem** e **negro**, que as mortes ocorrem geralmente nos **finais de semana** e que um terço dos casos é provocado por **armas de fogo**. E revelam também que 39,9% das mortes de jovens brasileiros em 2002 se devem a homicídios, o que, aliado a acidentes de trânsito e suicídios, passam a representar as principais causas de morte entre os que têm de 15 a 24 anos.

De 2000 para 2002, foi registrado um aumento de quase 5% de homicídios a cada 100 mil jovens. Isso significa que, em apenas dois anos, houve um salto de 52,1 para 54,5 jovens brasileiros vítimas de assassinatos. Esse número é bastante expressivo, principalmente se levarmos em conta que, entre 1993 e 2000, o ritmo de crescimento do número de assassinatos foi maior entre os jovens do que na população geral (que abrange todas as faixas etárias).

Considerando o fator raça, o mapa da Unesco mostra ainda que a **taxa de homicídios entre negros** no Brasil é muito superior à de brancos e aumenta ainda mais entre **jovens de 15 a 24 anos** (veja os gráficos abaixo).

O pesquisador Julio Jacobo Waiselfisz, responsável pela pesquisa, explica esses dados lembrando que as vítimas de homicídios no Brasil geralmente são de **famílias com renda mais baixa** e que vivem em locais mais pobres.

(Extraído de: CONSTANTINO, Luciana. País é 5º em ranking de homicídios de jovens. *Folha de S. Paulo*, 8 jun. 2004. Texto adaptado.)

## Taxa de homicídios entre brancos e negros

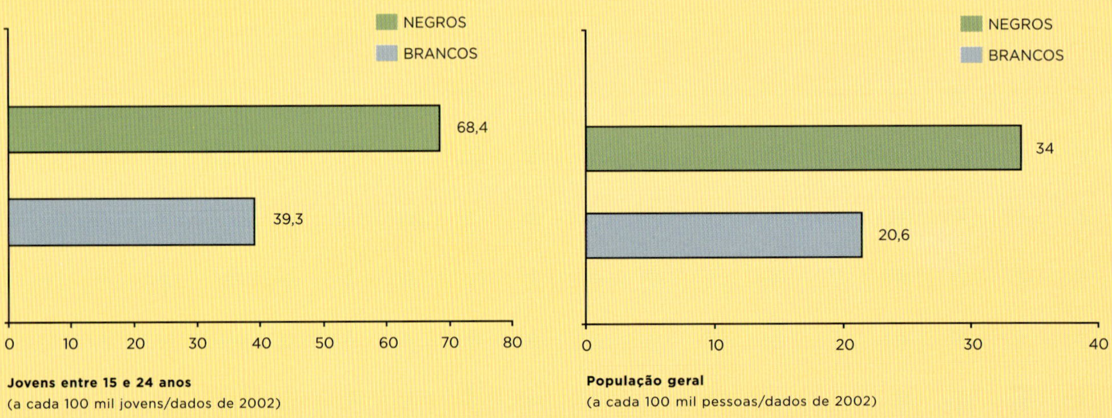

## VIOLÊNCIA E DIREITOS HUMANOS

Compreender o que é violência nos dias de hoje vai além de estudar índices de criminalidade. Os crimes são a face mais visível, mas os cientistas sociais enfatizam que o **desrespeito aos direitos humanos** – sejam eles civis, políticos, sociais, econômicos e culturais – também é um ato violento.

O respeito aos direitos humanos é um princípio básico da **democracia**, um regime de governo apoiado por quase todas as nações do mundo. Na prática, várias nações ainda caminham rumo ao fortalecimento de seus princípios democráticos, apoiados na premissa de que as decisões devem ser tomadas pelo povo e a ele servir. Assim, vêm lutando, por exemplo, para garantir direitos iguais para pessoas de diferentes sexos, cor e posição na sociedade.

Para assegurar universalmente esses direitos, foi adotada e proclamada pela ONU (Organização das Nações Unidas), em 1948, a ***Declaração Universal dos Direitos Humanos***. Veja o que encerram seus primeiros artigos:

*"Artigo I – Todas as pessoas nascem livres e iguais em dignidade e direitos. São dotadas de razão e consciência e devem agir em relação umas às outras com espírito de fraternidade.*

*Artigo II – Toda pessoa tem capacidade para gozar os direitos e as liberdades estabelecidos nesta Declaração, sem distinção de qualquer espécie, seja de raça, cor, sexo, língua, religião, opinião política ou de outra natureza, origem nacional ou social, riqueza, nascimento, ou qualquer outra condição.*

*Artigo III – Toda pessoa tem direito à vida, à liberdade e à segurança pessoal.*

*Artigo IV – Ninguém será mantido em escravidão ou servidão, a escravidão e o tráfico de escravos serão proibidos em todas as suas formas.*

*Artigo V – Ninguém será submetido à tortura, nem a tratamento ou castigo cruel, desumano ou degradante".*

## UM TÊNIS OU A VIDA?

O irmão de Nando sonhava em ser jogador de futebol. E, como vários garotos de sua idade, ele também queria ter um tênis de marca. Na porta de um colégio de classe média, ele conseguiu roubar o calçado, mas perdeu a vida com uma bala na cabeça, por ordem da chefia do tráfico, que proibia pequenos roubos para não atrair a atenção da polícia.

Será esse caso apenas ficção? Ou é mais um fato real de jovens que matam e morrem por roupas de grife? Situações como essa têm sido apontadas como um **lado negativo da sociedade de consumo**.

Após o final da Segunda Guerra Mundial, nos anos 1940, vários países formaram economias baseadas no consumismo, produzindo bens duráveis e investindo também naqueles até então considerados supérfluos. Foi a partir desse momento que o mundo passou a ter acesso a produtos jamais sonhados.

Mas se critica atualmente a chamada **homogeneização da cultura**: todos valorizando bens de consumo e querendo adquiri-los ao mesmo tempo, com o intuito de obter um ***status*** diferenciado, ou seja, uma condição que lhes dê prestígio diante da sociedade em que vivem.

ROUPAS E ACESSÓRIOS DE GRIFE ESTÃO ENTRE OS OBJETOS MAIS DESEJADOS PELA SOCIEDADE DE CONSUMO.

Fruto do capitalismo, o mito do consumo como sinônimo de bem-estar tornou-se característica marcante da sociedade contemporânea. Muitas vezes, vítimas da **propaganda e da publicidade**, as pessoas são induzidas ao consumo, levadas a atitudes inconscientes e desnecessárias na ânsia de adquirir e acumular bens. É a falsa ideia de que podem chegar à chamada **felicidade capitalista**.

## A VIDA REAL FOI AO CINEMA

O filme ***Cidade de Deus*** (2002), de Fernando Meirelles, é apontado como um dos mais próximos à realidade quando o assunto é a violência nas favelas do Rio de Janeiro. Ele tem por base histórias reais, adaptadas do romance de Paulo Lins, um escritor que cresceu naquela região. O diretor recorreu a moradores do local: informou que estava fazendo um documentário e pediu que trabalhassem como atores. Assim, pôde captar expressões reais. O filme mostra o crescimento do conjunto habitacional da Cidade de Deus, entre o fim dos anos 1960 e o começo dos anos 1980, sob o olhar de dois jovens da comunidade: Buscapé, que sonha em se tornar fotógrafo, e Zé Pequeno, que se torna um dos maiores traficantes do Rio. Os dois são exemplos de crianças que aprendem cedo a viver segundo as regras do narcotráfico. *Cidade de Deus* fez tanto sucesso que foi indicado ao Oscar. No filme, além das cenas violentas, há espaço para o humor e para as tragédias familiares – uma outra face da violência.

FERNANDO MEIRELLES DIRIGIU OUTROS FILMES ANTES DE 2002, MAS FOI *CIDADE DE DEUS* QUE O DESTACOU NACIONAL E INTERNACIONALMENTE.

## QUANDO O CRIME FAZ PARTE DA FAMÍLIA

***Memórias de um sobrevivente*** é o primeiro livro de Luiz Alberto Mendes, um presidiário que, condenado a 74 anos de reclusão por homicídio e assalto à mão armada, escreveu suas memórias na prisão.

*"Meu pai, desde que me lembro, já bebia. Passava dias fora de casa, sem dar notícias. Quando voltava, dizia que fora preso em brigas pelos bares onde enchia a cara. Chegava xingando, brigando e falando alto. Fedia a cachaça e perfume barato. Minha mãe era coitadinha. Amava aquele homem bruto, sabia que era tudo mentira, mas tinha o maior medo de enfrentá-lo. Era agressivo, violento, não batia nela, mas ameaçava de montão, e dona Eida morria de medo."*

Luiz não escapava. *"Quando ele chegava bêbado em casa (e era quase todo dia), eu me escondia na casinha da cachorra, Dinda. A cadela era meu maior amigo. Ficava me lambendo, feliz de estar comigo, qual eu fosse mais um de seus inúmeros cachorrinhos."*

Casos de violência doméstica não são incomuns na história de quem se envolveu com o crime. No entanto, o autor não se diz uma vítima. Acha que nem o pouco dinheiro nem a brutalidade do pai servem de justificativa para o seu ingresso no crime.

## UMA NOVA LEI PARA PROTEGER AS MULHERES

Em 2005, a OMS (Organização Mundial da Saúde) aproveitou o **Dia Internacional de Não Violência Contra as Mulheres**, em 25 de novembro, para divulgar um relatório sobre o tema. O estudo foi realizado, entre 2000 e 2003, com 24 mil mulheres em países como Japão, Etiópia, Tailândia e Tanzânia, além do Brasil.

Um levantamento feito com 1.172 mulheres entre 15 e 49 anos, em São Paulo, mostrou que 29% delas sofreram **violência física ou sexual** em suas próprias casas. Em Pernambuco, das 1.473 entrevistadas, 37% também foram vítimas de agressões. Socos, chutes, ameaças e ataques com armas são os casos mais comuns.

Os dados revelam ainda que cerca de 25% das mulheres de São Paulo e 30% das da Zona da Mata pernambucana sofreram agressão física do marido, namorado ou companheiro. Em média, 50% dos homicídios resultam de violência dos seus parceiros, mas mais de 20% das mulheres violentadas nunca contaram o caso a ninguém. E a pior conclusão de todas: mais que a metade das mulheres agredidas acham aceitável apanhar de um homem.

Todo caso de **violência doméstica contra a mulher** passou a ser crime desde o dia 22 de setembro de 2006, quando entrou em vigor a **Lei Maria da Penha** (11.340/06) – cujo nome é uma forma de homenagear Maria da Penha Fernandes, vítima de duas tentativas de homicídio por parte do ex-marido e símbolo da luta contra a violência.

As penas leves (como o pagamento de cestas básicas) deram lugar à prisão em flagrante e à possibilidade de prisão preventiva. A pena de detenção triplicou: de seis meses a um ano passa de três meses a três anos. Com a nova lei, **todo registro de agressão deve virar inquérito policial**, que deve ser enviado ao Ministério Público. Agora, com base na lei, os juízes podem ordenar que o agressor saia de casa e proibir que ele se aproxime da vítima, além de vetarem ao agressor o porte de armas de fogo.

Segundo alguns juristas, essa lei representa ainda um avanço contra a discriminação sexual, ao determinar, em parágrafo único, que "as relações pessoais enunciadas (...) independem de orientação sexual", atuando, assim, também em defesa da mulher homossexual.

MANIFESTAÇÃO EM FAVOR DA MULHER E CONTRA A VIOLÊNCIA DOMÉSTICA.

Capítulo 5

# A rifa

E foi assim que começou.

Osmar embrulhou a pistola num pano de prato limpo e a guardou na cozinha, um pequeno tabique feito com tábuas, entre os fundos do balcão e o banheiro. Colocou o embrulho atrás das latas de óleo.

Era uma pistola automática prateada, novinha, cheirando a óleo lubrificante, com um pente de dez balas e outro sobressalente, e o número de registro raspado. Tinha sido presente de Marcinho. Ele a comprara de um policial federal, que apreendera armamentos novos, ainda na caixa, numa blitz no cais do porto.

– Mas a grana que vier da venda da arma não vai ser "grana suja" também? – Osmar perguntou.

– Não – Nando explicou. – O berro é o mal. Me desfazer do berro é o bem. Aí a grana é limpa.

– Você é quem sabe. Esse negócio de revelação é muito pessoal. Pelo visto essa voz dentro da tua cabeça tá explicando tudo bem direitinho. Mas pra que a rifa? Vende pra campanha do desarmamento. O governo tá comprando.

– Cem reais numa pistola como essa? Tá maluco? Vale mais de mil. O governo quer roubar mesmo quando faz o bem.

– É o hábito.

Os dois riram.

– Eu boto à venda então, garoto. É mais fácil. De repente algum vagabundo dá mil reais nela e pronto.

– Não. Com rifa eu ganho mais – disse Nando. – Lembra a tevê da minha mãe que você rifou aqui no Natal? Rendeu três vezes mais do que valia. Começa a espalhar pro povo que eu tô rifando o berro. Você vai ver como vai pintar uma grana legal. E vou te dar os dez por cento de sempre.

– Sei não... Rifar pistola. Vai sujar. Isso não parece, mas é um botequim de respeito.

– Pô, tio! Agora você resolveu atrasar o meu lado? Será que quando o cara quer endireitar a vida ninguém dá força? Você quer que eu morra logo e deixe a minha mãe desamparada? Pensa na tua irmã.

– Não precisa apelar. Tudo bem. Vamos rifar o berro. Acho que já fiz coisa pior na vida.

– Com certeza.

– E a gente marca o sorteio pra quando?

– Daqui a um mês. No meu aniversário. Dia 17. Quando eu fizer 25 anos. Se eu passar dos 24, só morro quando ficar velho.

– Ainda é a revelação? Foi a voz que falou isso?

– Não. Aí já é estatística. Dá um tempo que eu volto, trazendo os talões.

Osmar ficou sorrindo. Terminou de abrir o bar. Varreu a calçada. Estava há trinta anos naquela esquina. Já tinha rifado de tudo. Era o ponto de rifa da favela. Televisão. Bicicleta. Aparelho de som. Os dez por cento que entravam não faziam mal a ninguém. Cachorro de raça. Vestido de noiva. Aparelho de surdez. Cadeira de rodas. Piscina de plástico. Arma era a primeira vez. Talvez desse problema. Só fazia isso porque era seu sobrinho, e não custava mesmo ajudar o rapaz a sair daquela vida. Nando já tinha quase 25 anos, e a tal estatística estava certa. Ele não ia durar muito mais se não mudasse de vida. Mas fralda descartável? Aquilo tinha tudo pra dar merda. Riu da piada sozinho.

Os fregueses foram entrando e saindo. Meia hora depois Nando passou rápido, na garupa de um **mototáxi**, e jogou para Osmar quatro talonários de rifa, com cinquenta folhas cada um.

**Mototáxi** é o transporte de passageiros (e, eventualmente de carga) a bordo de motocicletas. Surgida provavelmente na Favela da Rocinha em meados dos anos 1990, a atividade se firmou como uma alternativa perfeitamente adaptada à falta de transporte público, ao relevo íngreme e à estreiteza dos becos e vielas dos morros. Atualmente o serviço conquistou também as ruas asfaltadas de muitos centros urbanos e vem sendo regularizado em algumas cidades.

– E vai vender a quanto? – Osmar gritou.

– Dez reais, tio!

E foi embora.

O dono da borracharia do outro lado da rua, que tomava uma média e comia um pão com manteiga, perguntou logo:

– É rifa de quê?

Osmar coçou a cabeça.

– Antônio, você é a primeira pessoa pra quem eu vou abrir... Só tô te falando porque a gente se conhece há mais de vinte anos. O que eu tô rifando não interessa pra você. Eu só vou dar o toque da rifa pra certas pessoas. Mas vou dizer o que é, só pra ouvir um conselho. Eu quero saber se *tu acha* que isso vai dar galho. Mas não espalha. O que eu tô rifando é pra ficar no sigilo, falou? Só entre a rapaziada.

– Fala logo.

– O Nando tá rifando a pistola dele. Prateada, **número riscado**, uma beleza.

Para espanto de Osmar, o borracheiro botou uma nota de dez reais no balcão.

– Me dá uma.

Há atualmente cerca de dois milhões de armas de fogo registradas no Brasil e aproximadamente vinte milhões de armas clandestinas. O certificado de registro de armas é expedido somente pela Polícia Federal. No caso das armas roubadas, o **número de registro riscado** impede que sua origem seja rastreada.

– Que é isso, Antônio. *Tu é* de paz. Pra quê?

– Sexta e sábado eu tô ficando aberto até duas da manhã, Osmar. É noite de movimento. Sempre pinta um pneu arriado. Já tava querendo comprar uma arma pra deixar na oficina mesmo, mas não tinha grana. Quem sabe eu dou sorte?

Osmar rubricou a primeira folha, destacou metade e entregou a Antônio. Pegou os dez reais e guardou dentro de uma lata.

Assim que Antônio saiu, Cláudia, uma senhora que trabalhava como diarista, entrou para comprar um maço de cigarros.

– Bom dia, seu Osmar... O de sempre... Me diz uma coisa, era rifa de que que o Antônio tava guardando no bolso?

– Nada. Coisa antiga. Bobagem.

– Tá me estranhando, sangue bom? Eu conheço papel de rifa novo. E olha o talão aí.

Osmar deixara o talão em cima da máquina registradora.

– Tá me escondendo o quê?

– Não é pra você, dona Cláudia. É coisa do Nando.

– Tão rifando cocaína? Esse pessoal é criativo. Ou então o pessoal tá muito sem dinheiro.

– Não. É outra coisa.

– Diz aí.

– Deixa pra lá.

– Ô, cara. Vai me fazer passar o dia pensando nisso? Fala o que é.

– Tá. Mas não fala pra ninguém. Pode sujar. O Nando tá rifando a pistola dele. Coisa fina. Prateada. Com dois pentes.

– E quanto é?

– Dez reais.

– Me dá uma.

– Tá brincando?

– Uma não. Duas. Ontem mesmo eu tava falando com a Soraia que mulher sozinha com filho menor tem que aprender a se defender. Me dá duas, que a Soraia vai querer também. Deixa eu aproveitar que é meio de mês e o dinheiro ainda tá em cima.

Osmar balançou a cabeça e vendeu mais duas rifas. Claudia acendeu o primeiro cigarro do dia e foi trabalhar.

Pouco depois, Osmar estava acertando as contas com um vendedor de chiclete, entrou o Gomes, pedreiro, caladão, indo para o serviço. Pediu a cachaça de sempre. Quando Osmar servia, Gomes falou, baixo:

– A Claudia me falou da rifa.

E colocou dez reais sobre o balcão.

Osmar também foi discreto, e passou uma folha para ele.

O vendedor de chiclete viu a cena. Quando Gomes saiu, perguntou de que era a rifa e, apesar de morar muito longe dali, levou duas. Explicou que já haviam entrado três vezes na casa dele, de noite, para roubar o botijão de gás. A mulher queria que ele comprasse um cachorro bravo, mas uma arma por dez reais saía mais barato.

Logo apareceu o servente do Gomes, atrasado pro serviço, querendo fósforo, cigarro, uma lata de guaraná...

– E uma rifa – piscou.

– Rifa de quê?

– Tá me estranhando, Osmar?

– Quem te contou?

– Um passarinho.

Osmar balançou a cabeça. Ali ninguém entregava ninguém.

– Anda logo que eu tô atrasadaço.

– *Tu não tem* juízo, Gomes. Vai fazer o que com uma pistola?

– Deixa eu ganhar primeiro, depois eu penso. Você quer vender ou não?

Aquela era uma boa pergunta. Fazer rifa pra esconder o produto era uma coisa bem estúpida. E a novidade ia se espalhar mesmo, de qualquer maneira. Melhor relaxar. Tinha amizades na polícia e entre a bandidagem, e isso era o mais importante. Só não ia escancarar, como fazia com as outras rifas. Colocar cartaz na porta: RIFA-SE UMA PISTOLA. Colar xerox da foto dela nos postes. Anunciar na rádio comunitária. Oferecer pras crianças, pra elas pedirem pros pais.

Ao meio-dia Osmar fez as contas e descobriu que tinha vendido doze folhas do talonário, sem que tivesse oferecido a ninguém.

***

Capítulo 6

# A novidade

A mãe não deu conta do rasgo da bala de fuzil, que voltou a sangrar. Nando passou num hospital público, disse que tinha cortado a testa numa ponta de vergalhão na laje de casa e saiu de lá com dez pontos e a cabeça enrolada numa gaze fina. O boné escondia tudo.

Depois passou pela boca principal. A "sede". Um barraco de alvenaria, sem reboco, com dois sofás velhos e uma mesa comprida. O Vasco já estava na porta. Era um camarada de confiança, dezesseis anos, criado ali na rua, sem pai nem mãe. Simplesmente tinha sido abandonado numa viela daquelas, com uns quatro anos de idade, num dia de chuva. Tinha sido criado pela sorte, dormindo onde dava, ganhando pratos de comida aqui e ali.

As **máquinas de videopôquer** permitem que um único jogador por vez aposte dinheiro nas cartas, apresentadas em uma tela. São muito comuns em botequins populares.

Nando às vezes pensava na vida de Vasco. Tudo bem, quase ninguém que ele conhecia da rapaziada tinha pai. Nenhum garoto ligado ao tráfico tinha pai. Nem ele. Mas sem mãe também devia ser barra-pesada. Era como se fosse um vira-lata. Mas Vasco não era melhor nem pior do que ninguém. Sobrevivia.

– Fica no meu pé hoje – Nando pediu. – Tô desarmado.

– Os caras tomaram a tua pistola?

– Não. Depois eu explico.

– Explica agora.

Nando se arrependeu de dizer que estava sem arma. Tinha tomado um tiro de fuzil. Alguém queria acertá-lo. Podia ter sido qualquer um. O próprio Vasco, pra subir de posto. Dizer que estava desarmado era a maior burrice.

– Fica frio, cara – ele disse, com autoridade. – Isso é um papo que eu quero levar primeiro com o Marcinho, tá ligado? Teu serviço hoje é me dar proteção.

Funcionou. Tocar no nome do chefe impunha respeito. O morro todo sabia que Nando era protegido de Marcinho.

Trabalhou normalmente. Fez contas. Distribuiu os sacolés de cocaína que havia preparado na véspera. Ameaçou dar tiros nos pés de dois aviões, que estavam com uma dívida atrasada há quinze dias. Mandou o vapor até o alto do morro servir um morador importante. Fez acordo com um bicheiro, pelo celular, e conseguiu 30% do lucro das **máquinas de videopôquer** que Marcinho tinha autorizado instalar nas biroscas da favela. Mandou comprar uma pizza calabresa gigante na hora do almoço e dividiu com Vasco, para fazer uma boa política. Conferiu o relatório dos lucros da central clandestina de tevê a cabo. O número de "assinantes" estava diminuindo. Riu. O pessoal começava a fazer **gato** do gato. Era por isso que o Brasil não ia pra frente. Ameaçou queimar vivo um vereador que ligou querendo uma caixinha mensal para um grupo de policiais militares que tinha acabado de ser transferido para a área.

O dia foi passando, tranquilo.

De noite, foi para casa. Viu um pedaço da novela com a mãe. Deu uma grana para Paulão pagar a conta de luz no dia seguinte. Trocou a tomada do liquidificador. Lavou louça. Escutou as mazelas de uma vizinha viúva que precisava operar o joelho. Prometeu falar com Marcinho e arranjar um hospital bom para ela. Ensacou o lixo e jogou no **valão**.

Vasco ficou com ele todo o tempo, parado na porta da casa da mãe de Nando. Acabou jantando, tomando café, comendo um pedaço de bolo. Também assistiu a um pedaço da novela. Foi pedir uma chave de fenda emprestada ao vizinho. Depois voltou para a boca, onde dormia.

Na cama, Nando concluiu que ia correr muito risco dali para a frente, quando soubessem da rifa e que estava desarmado. É claro que podia pegar outra arma. Um fuzil. Uma submetralhadora, até. Uma parede falsa na casa de Marcinho escondia um arsenal de guerra. Granadas. Até um lança-míssil pequeno, para derrubar helicóptero. Mas ele estava rifando

Como a ocupação de casas e barracos em terrenos invadidos é irregular, a infraestrutura básica normalmente não chega até ali. Para driblar esse problema, muitos moradores têm luz elétrica, linhas telefônicas e até tevê a cabo graças a desvios na rede regular e ligações elétricas clandestinas, os chamados **gatos**.

Muitas áreas ocupadas pelas favelas ficam próximas a algum **valão**, um esgoto a céu aberto. Como não há coleta de lixo nessas áreas, os moradores depositam ali seus dejetos. Ao atrair ratos e insetos, o lixo torna a população da favela mais vulnerável a doenças.

o berro justamente porque não queria mais armas. Ia respeitar o que a voz dissera dentro de sua cabeça. Ia mudar de vida. Aquele tinha sido o último dia de trabalho no tráfico. Ia abrir o jogo com Marcinho.

Já deviam estar sabendo.

Mas era protegido do chefe. Ninguém ia fazer nada às claras. Só à traição. Como na noite passada. Então o que ele tinha que fazer era não dar bobeira.

Na manhã seguinte, cedo, entrou com Osmar no botequim e se trancaram lá dentro.

– Como é que tão as vendas, tio?

– Melhor que pão quente.

– Beleza.

– Eu antes tava com receio, mas depois que até a dona Sandra, do barraco amarelo ali em cima, saiu de casa de muleta, perna toda inchada, pra comprar uma rifa, e mais duas pra dar pros genros, pra protegerem suas filhas, aí eu perdi a vergonha. Saí oferecendo pra todo mundo que entrava.

– Todo mundo?

– Todo mundo que eu conheço. Só não ofereci pra quem não é da área.

– Certo.

– A coisa tá se espalhando. Quem não gosta de novidade? E dez real tá barato.

– Achei que ia ser só a bandidagem...

– Tô te falando! A coisa tá feia. Tenho mais de vinte anos fazendo rifa e nunca vi isso.

– Vou começar a pensar na minha fábrica de fralda.

– Arranja um fuzil pra gente rifar.

– Para com isso, tio.

Quando Nando saiu do botequim, já havia dois homens sentados no batente da porta, esperando para comprar uma rifa.

E foi assim por mais todo aquele dia.

Veio moleque comprar leite para os irmãos e rifa para o pai.

Veio dona de casa atrás de refrigerante para o almoço das crianças e rifas para o marido.

Antônio borracheiro ganhou uma grana consertando seis pneus de caminhão e investiu metade do dinheiro em seis rifas.

Veio mãe com filho no colo dizendo que o marido estava doente mas que pedia para levar duas rifas.

Vieram dois irmãos gêmeos que tinham um negócio de vender gelo picado e levaram dez rifas.

Osmar só não vendia para menor de idade, mas não podia saber se os pivetes que juntaram os trocados na porta do bar e não conseguiram comprar haviam ou não passado o dinheiro para alguém mais velho. Não podia controlar tudo.

Não podia dar conta nem de atender aos fregueses.

A venda das rifas o estava ocupando tanto que, no dia seguinte, chamou a patroa, dona Inês, para ajudar no serviço do balcão.

CAPÍTULO 7

# O trato

Nando não teve coragem. Adiou por quase cinco dias a parte mais difícil de seu plano.

Por sorte, durante esses cinco dias as coisas correram tranquilas. A polícia não apareceu, ninguém atirou em ninguém, nenhuma confusão. Vasco não saiu de seu pé.

E então, à noite, decidiu. Subiu o morro para falar com Marcinho.

Era um casarão de dois andares, no alto do morro, de alvenaria, rebocado, pintado de branco, com um portão de ferro muito grande. O segundo andar era cercado por uma varanda larga, com um soldado em cada canto, carregando seu fuzil, o rosto coberto por uma camiseta enrolada, para o rosto não sair nas fotos das **teleobjetivas** da polícia.

Para fotografar e filmar cenas distantes, usam-se lentes **teleobjetivas**, também chamadas de teles. Essas lentes são muito usadas em fotojornalismo esportivo e são úteis em investigações policiais, já que, por causa da distância, quem está sendo retratado não nota a presença do fotógrafo.

Nando já havia mandado um olheiro avisar Marcinho que ele ia aparecer à noite, por isso quando chegou, com Vasco sempre a suas costas, um dos soldados mandou logo abrir o portão.

Nando entrou sozinho, carregando um embrulho de papel pardo, amarrado com um barbante. Vasco sentou num degrau, numa viela em curva, e esperou. Uma moradora subiu com as compras. Deu duas bananas a ele. Era assim que ele vivia.

O portão dava para um pátio, onde havia uma piscina redonda, espreguiçadeiras de plástico e uma sauna nos fundos.

Nando frequentava a casa. Ninguém precisava mostrar o caminho. Subiu por uma escada lateral e chegou à varanda. Cumprimentou os soldados. Garotos novos, olhares agressivos por entre a camiseta enrolada.

Nenhum tinha pai. Nenhum ia conhecer a velhice, Nando pensou. Não iam ter filhos.

Marcinho o esperava na sala principal, com sua porta de correr dando para a varanda.

Estava sentado no sofá forrado com um plástico estampado, de bermuda, sandália e camiseta.

Tinham a mesma idade. Marcinho era mais alto e mais magro. Segurava um controle remoto na mão direita:

– Olha só isso, meu irmão – ele disse, apontando para um aparelho de ar-condicionado.

Apertou uma tecla no controle remoto. O ar-condicionado estalou, e começou a funcionar.

– Tá ligado? – Marcinho deu um tapa na própria perna. – Ar-condicionado com controle remoto. É mole?

– Já tinha visto numa revista – Nando comentou.

– É isso aí, maninho. Sem dinheiro o mundo fica só uma revista colorida, tá sabendo? – Desligou o aparelho e jogou o controle remoto do outro lado do sofá.

– Vim pra trocar uma ideia contigo – Nando falou.

– Tô sabendo. Senta aí. Ô Maluco, pega duas cerveja pra gente.

Maluco, um negro enorme, cabelo cortado com máquina zero, arrastou seu corpo mole até a cozinha e voltou com duas latas. Nando bebeu.

Havia mais seis homens na sala, fora os dois soldados da varanda. Aquilo não era normal. Dos seis, três eram gerentes de outras bocas, dois eram os seguranças mais chegados de Marcinho e o sexto era um mulato magro, ligado aos homens de cima, os que traziam a cocaína do exterior.

– Acho que você tá ocupado hoje – Nando falou. – Eu passo outra hora.

– Não. Fala aí. Eu tava te esperando.

Então Nando teve certeza. Tinha se dado mal. E não dava para voltar atrás.

A parede espelhada da direita só piorava as coisas, duplicando o número de homens na sala e mostrando a ele como estava nervoso. Nando não tinha outra coisa a fazer a não ser ir direto ao assunto. Colocou o embrulho que trouxera em cima da mesa e voltou a sentar na poltrona, de frente para Marcinho, enquanto os outros seis lentamente o cercaram, calados.

– Aqui nesse pacote tá a metade do último tijolo de cocaína, daquela partida da semana passada.

– Metade...? – repetiu Marcinho.

– É. A outra metade tá vendida. E o resto todo também. Tá tudo anotado num caderno aí dentro. E a grana taí também, claro.

– Metade? – Marcinho repetiu de novo.

– É.

– E por que nesse pacote aí não tá a grana toda? Eu não quero metade de nada.

– Porque eu não vou vender essa outra metade, irmão.

– E não vai vender por quê?

– Porque eu parei, Marcinho.

Foi como se tivesse passado uma corrente elétrica pelos outros sete.

– Não tô entendendo – Marcinho cruzou os braços.

– Tô caindo fora. Parei. Vou ganhar a vida de outro jeito.

O silêncio era pesado, asfixiante. Marcinho parecia calmo:

– *Tu sabe* que eu não posso te deixar fazer isso.

– Pode sim, irmão – Nando fez força para não gaguejar. – Não tô devendo nada. Tô devolvendo toda a grana da primeira metade e de todo o resto, até os acerto antigos. Não fiquei com nada pra mim. Pode conferir. E o resto do tijolo tá aí. Pode pesar.

– Eu não preciso pesar. Confio em você.

– Nesses anos todos, não roubei um papel. Tô limpo.

– Eu sei. Não é disso que eu tô falando. *Tu sabe* o que tá fazendo, cara? Pirou?

– A gente foi criado junto, Marcinho. Tô ficando velho. Quero mudar de vida. Tive uma visão, cara. Quase tirei a vida de um bebê. Vi a morte de perto. Ouvi uma voz. Tô a fim de...

– Para – Marcinho o cortou. – *Tu tá* achando que isso aqui é bagunça? Isso é **crime** "**organizado**", como falam os bacanas.

Os outros riram.

Nando não conseguia nem piscar.

– *Tu acha* que eu posso deixar meu pessoal saltar fora assim? – Marcinho continuou. – Isso deixa os outros pensando bobagem. E se *tu tá* fazendo isso pra passar pro outro lado? Como é que eu fico?

– Tá me estranhando? – a única chance de Nando era fingir que só havia os dois na sala. – A gente é que nem irmão. Fomos criados juntos. Minha mãe e a tua são amigas. A gente cresceu aqui no morro. Se eu tivesse ambição de subir no **movimento** ficava do teu lado. Eu tô gerente. Que que eu ia querer mais?

Ele sentia que Marcinho vacilava. Eram quase irmãos mesmo. Mas havia os outros. O chefe tinha de dar satisfações. Mostrar poder.

– Tá tudo bonito, Nando, mas negócio é negócio. Não dá prum homem meu trocar o movimento pra fazer fralda!

Nando gelou. Ele sabia. Todos os outros ali naquela sala sabiam.

– Deixa eu explicar. Vou comprar uma máquina, virar empresário. Tá tudo no esquema – apontou para a própria cabeça. – Vou deixar o morro. Já descolei uma garagem de uma tia lá em Inhaúma. Vou levar a máquina de fazer fralda pra lá. Ninguém vai ficar sabendo.

O **crime organizado** está estruturado como uma autêntica empresa capitalista, com divisão de tarefas, normas próprias, redes de influência, área de atuação definida e salários – e tendo o lucro por objetivo. A diferença essencial para uma atividade regulamentada é que o objeto de trabalho é ilícito, como tráfico de armas e drogas, sequestros e lavagem de dinheiro.

Os membros do crime organizado e as pessoas que convivem de perto com essa realidade usam a palavra **movimento** para se referir ao tráfico de drogas. "Subir no movimento" significa ser promovido dentro da organização criminosa.

– Ninguém vai ficar sabendo? Ninguém vai ficar sabendo? – Marcinho levantou, aos gritos. – O morro todo já sabe que *tu tá* rifando o berro que eu te dei pra fazer fralda! Eu tinha é que te enfiar no micro-ondas pra servir de exemplo!

Enfiar no micro-ondas era colocar o sujeito dentro de uma pilha de pneus, dos pés à cabeça, encharcar de gasolina e tocar fogo.

Então Marcinho foi para a varanda e ficou lá, sozinho, olhando as luzes da cidade do Rio de Janeiro, o pedaço de mar. Os dois soldados não chegaram perto.

Na sala, cercado pelos seis, Nando sentiu que sua vida não valia nada. Ela estava nas mãos de Marcinho, e ele gostava de matar. Uma ordem sua, quando voltasse a entrar na sala, e acabou. Não ia ficar velho. Ia morrer com 24 anos. A estatística tinha razão.

Os outros seis não abriam a boca. Deviam estar loucos para fazer alguma piada sobre fraldas, mas até eles tinham medo da reação de Marcinho. Por muito menos ele já cometera atrocidades inimagináveis. Era assim que se chegava a chefe naquele ramo.

E então Marcinho voltou.

Deu três passos para dentro da sala. Parou. Os braços cruzados no peito. Um silêncio de morte. Marcinho riu.

– Nando... *tu é* um irmão... o irmão que eu nunca tive. Tudo bem. Vou te deixar cair fora. E vou até comprar umas rifas, tá ligado?

Nando sorriu também. Era como se tivesse nascido de novo. Ia agradecer. Levantar. Abraçar todo mundo. Mas Marcinho não tinha concluído:

– Só tem uma coisa, irmão... 47... 47 é meu número de sorte. Vou comprar 47 folhas da rifa.

– Legal – Nando deu um sorriso amarelo, sem entender.

– O trato é o seguinte, irmãozinho: se eu não ganhar, *tu tá* livre. Pode cair fora e passar o resto da vida fazendo fralda. Agora, se eu ganhar o teu berro... rapaziada, essa é pra todo mundo ouvir, e espalhar pro morro!... se eu ganhar a rifa vou explodir tua cabeça com teu próprio berro, falou? Pra *tu* deixar de ser cagão!

***

Capítulo 8

# A visita

No dia seguinte o morro todo já sabia do trato. Os barracos eram tão grudados, viviam tão colados uns nos outros, tanta gente em tão pouco espaço, que as notícias corriam pelas vielas, atravessavam paredes, rolavam escadas na velocidade da luz.

E o que aconteceu é que a rifa começou a vender ainda mais. Osmar chegou a ficar com o pulso doendo de tanto rubricar folhas do talonário. E as pernas latejavam no final do dia, de tanto ir e voltar da cozinha trazendo a pistola, para mostrar. As pessoas queriam participar daquilo. Quem já tinha comprado voltou para comprar mais. Quem ainda não tinha, juntava os trocados em casa, rachava com os parentes, pedia emprestado ao patrão dizendo que era para remédio, cortava o refrigerante das crianças, mas não deixava de entrar na rifa.

A única saída de Nando foi aparecer no bar do Osmar no meio do dia, trazendo mais dez talões.

– Quanto mais rifa vender, mais chance eu tenho de continuar vivo, tio.

– É. Se vender só cem, e ele comprar 47, *tu já tá* meio morto.

– A gente tem que reconhecer. Foi uma boa sacada do Marcinho. Deu uma de bacana, gente boa, e ao mesmo tempo foi mortal. O cara é bom. E pode ter certeza, tio, se ele ganha me mata mesmo. É por isso que é chefe. Se tivesse tido chance, ele podia ter uma fábrica. Ou ser um juiz.

– Eu lembro dele brincando contigo. Pedindo chiclete de graça. Tinha que ficar na ponta do pé pra alcançar esse balcão. Era um menino normal. Ninguém nasce mau nem bandido. O tráfico não tem lei. Rola muito dinheiro, e não tem lei. É só por isso que é violento. A única lei que tem é a que o sujeito faz com as próprias mãos, e aí pode mais quem barbariza mais.

– Pode crer, tio. O problema não é nem a droga.

– Se refrigerante fosse ilegal ia ter muita morte.

– Teu bar ia ser uma boca de guaraná. Deixa eu saltar fora que não quero tá aqui quando o pessoal do Marcinho chegar. Eles vão descer pra comprar a rifa.

No começo da noite apareceu o Maluco, com seu passo mole, duas pistolas no cinturão e uma granada pendurada, parecendo um chaveiro. Atrás dele, dois soldados com metralhadoras pequenas, e duas meninas de uns dezessete anos, muito bonitas.

Osmar já esperava a visita, e não queria que ela demorasse, por isso Maluco encontrou as folhas da rifa já rubricadas. Destacou as 47 metades e entregou a Maluco, que só resmungou:

– O chefe disse que não vai pagar.

– Tudo bem – Osmar já esperava. – Cortesia da casa.

– O chefe disse que a pistola já era dele. Que deu de presente. Não vai pagar por ela de novo.

– Tá certo. Nem precisa explicar.

– Eu se fosse ele tomava logo o berro e acabava com a raça do fresco do teu sobrinho, tá sabendo?

– Eu não me meto nisso, Maluco. Pra mim é uma rifa como outra qualquer. Você mesmo já pôs pra rifar aqui comigo uma geladeira de duas portas, tá lembrado? Pra mim é tudo igual.

– Me dá mais dez rifas. Essas são pra mim. Vou pagar. Se eu ganhar, empresto pro chefe, pra ele fazer o serviço.

Osmar vendeu, pensando que não se pode contrariar um homem enorme chamado Maluco, com uma granada na cintura.

Depois que o pessoal de Marcinho foi embora a notícia se espalhou. A sorte estava lançada. As 47 folhas já estavam na mão do homem.

Nos dias que se seguiram a circulação só aumentou. Os amigos de Nando começaram a comprar quantas rifas podiam. Sua mãe e Paulão foram de porta em porta, pedindo aos conhecidos para comprar. Cada rifa vendida afastava a morte do filho, diminuindo as chances de Marcinho. E todos colaboraram, para ajudar, mas também porque uma pistola daquelas, por dez reais...

Nando bancou o forte. Não voltou mais ao trabalho. Ficou em casa, vendo tevê. Estava seguro. Soube que Marcinho tinha dado ordem para que não fizessem nada contra ele até o dia do sorteio. O chefe estava gostando da novidade, e orgulhoso por ter imaginado um trato que o deixou ainda mais famoso e respeitado. Tinha arranjado uma solução perfeita. Ganhando o sorteio ou não, o morro ia ficar do seu lado.

Nando só queria ficar vivo e fazer fraldas descartáveis, o mais longe possível dali. Faltavam só umas duas semanas para o sorteio, e para ele fazer 25 anos e escapar da estatística.

Continuou levando talonários ao tio. Àquela altura, se vendesse tudo, teria mais de sete mil reais. Menos os 10% de Osmar, seis mil e trezentos. Menos as 47 folhas do Marcinho, que ia tirar do dele, uns cinco mil e oitocentos. Dava para comprar a máquina, o material e ainda pagar uns dois meses de aluguel de algum galpão no subúrbio. Não tinha nenhuma garagem de tia em Inhaúma, como dissera a Marcinho. Não tinha nem tia. Falara só para despistar. Apesar de sua vida estar em risco, aquela confusão tinha sido uma boa propaganda. Sem ela não estaria vendendo tanta rifa.

Ele já largara o tráfico, e tinha chances de mudar de vida. Tudo ia bem. Era só não sair sorteado nenhum dos 47 números de Marcinho. Onze chances, em doze, de continuar vivo. Melhor do que no tráfico. Tudo ia melhor do que esperava.

Nando só não contava com a mulher que apareceu no bar do Osmar, na segunda-feira à tarde.

***

# VÁRIOS TIPOS DE VIOLÊNCIA

CARTAZ ESTIMULA A MULHER A DENUNCIAR A VIOLÊNCIA DOMÉSTICA.

Em 1996, a OMS (Organização Mundial da Saúde) classificou os tipos de violência em três grandes grupos, aos quais deu os seguintes nomes técnicos: violência autoinfligida, violência interpessoal e violência coletiva.

A **violência autoinfligida** é aquela que o indivíduo comete contra si mesmo. O suicídio e a tentativa de suicídio são os tipos mais graves desse grupo.

A **violência interpessoal** é aquela em que alguém atenta, física ou moralmente, contra outro alguém. Esse grupo abrange, segundo a OMS, a violência nas famílias e na comunidade. É, portanto, o tipo de violência que acontecia na casa de Nando, onde, depois da morte do filho mais novo, o pai, bêbado, passou a agredir a mulher. As agressões dentro dos lares, cometidas por qualquer integrante da família, são chamadas de **violência doméstica** e representam uma das formas mais comuns de violência interpessoal.

A **violência na comunidade** pode ter motivação social, política e econômica. Nesse grupo, entram a violência juvenil, o estupro ou ataque sexual por estranhos e a violência em locais como escolas, empresas, prisões e asilos.

Atos de violência cometidos por grandes grupos de pessoas – que se unem movidas pelo ódio comum – configuram o que a OMS define como **violência coletiva**. Fazem parte dessa categoria: os crimes praticados por grupos organizados, por terroristas, a violência das multidões, as guerras e os conflitos armados. Nela, portanto, também se encaixam as brigas entre torcidas organizadas de futebol que, muitas vezes, até acabam em morte.

Na atualidade, os estudos têm se detido num ramo específico da violência interpessoal: a criminalidade, ou seja, os atos que podem ser punidos pela lei. Tais estudos visam estabelecer o grau de aumento ou diminuição dos índices de infração nas sociedades modernas. Dessa maneira, pode-se pensar melhor em medidas preventivas contra a violência, ações que procurem sanar ou reduzir os problemas e as situações que geram ou viabilizam práticas de violência, para, assim, evitar o crescimento da criminalidade.

Outro fator importante a ser mencionado: a **crescente disseminação nos meios de comunicação** de aspectos relativos às práticas de violência, que vem causando insegurança à população.

No entanto, a abordagem excessiva da violência pela mídia, principalmente a constante divulgação de imagens violentas nos programas de TV, no cinema, nos jornais e revistas, faz com que fiquemos cada vez mais familiarizados, acostumados com a violência. De tanto ver e ouvir sobre ela, passamos a aceitá-la mais facilmente, como se fosse algo normal.

CENA VIOLENTA DE VIDEOGAME.

POLICIAIS TENTAM CONTER BRIGA ENTRE TORCEDORES EM ESTÁDIO DE FUTEBOL.

## CAMPANHA PELO DESARMAMENTO

Ao ler alguns dados sobre o crime no país, Nando repensa toda a sua vida. No Brasil real, um cidadão morre por arma de fogo a cada 14 minutos. São 107 mortos por dia, e os jovens são as maiores vítimas. De 1979 a 2003, foram 550 mil mortos: uma média de 35 mil por ano.

O Brasil é visto no exterior como um exemplo de **tolerância**. Isto por ser um país sem guerra civil, sem graves conflitos territoriais, étnicos ou raciais, por não ter problemas de diferença de língua nem sofrimento em decorrência do fundamentalismo religioso. Aqui, templos cristãos de todas as linhas convivem com terreiros de umbanda e candomblé, templos orientais, sinagogas e mesquitas sem maiores conflitos. Mas, infelizmente, as altas taxas de criminalidade arranham a boa fama do País.

Em junho de 2005, um estudo da Unesco mostrou que, em termos absolutos, o Brasil é o país que apresenta o maior número de **mortes de forma violenta**, geralmente causadas por armas de fogo. As perdas superam as mortes causadas por minas terrestres da guerra civil de Angola, pela Guerra do Golfo, pela guerrilha colombiana e pelos conflitos entre Israel e Palestina.

Os números apontados por esse estudo fortaleceram o movimento pela chamada **Campanha do Desarmamento**, que culminou com a realização de um **referendo** para ver se os brasileiros aprovavam um artigo do Estatuto do Desarmamento que praticamente proibia a comercialização de armas de fogo e munições no território nacional. Realizada em outubro de 2005, a votação teve como resultado a rejeição do artigo por quase dois terços dos eleitores.

Mas, apesar do resultado, a questão do desarmamento ainda hoje é bastante polêmica. Se por um lado há quem diga que só será possível acabar com a violência quando a população estiver desarmada, por outro há quem afirme não ser possível associar a redução do número de mortes por armas de fogo à proibição do comércio de armas e munições, pois a proibição poderia levar ao tráfico de armas, o que seria ainda mais nocivo à sociedade, que já sofre com o tráfico de drogas.

APESAR DA FORTE CAMPANHA PELO "SIM", QUASE DOIS TERÇOS DO ELEITORES VOTARAM CONTRA A PROIBIÇÃO DO COMÉRCIO DE ARMAS E MUNIÇÕES.

## A INDÚSTRIA DO MEDO

A chamada "**indústria do medo**" está tão disseminada no Brasil, sobretudo nas grandes cidades, que não é incomum vermos pelas ruas pessoas tentando se esconder atrás dos vidros escuros dos carros. Por trás dessa suposta proteção, ninguém mais sabe quem é bandido, quem é polícia ou quem é cidadão, pois as películas colocadas nos vidros encobrem motoristas e passageiros, tornando-os, de certa forma, anônimos.

Fatos como esse explicam o crescimento da indústria de segurança no Brasil, que aumenta a cada dia. Jorge Werthein, doutor em educação pela Universidade Stanford, fez uma análise do tema num artigo de jornal. Veja a seguir um trecho de seus comentários:

"A violência urbana tem, no mínimo, dois subprodutos imediatos: o **isolamento dos indivíduos** (devido ao medo) e a **indústria da proteção particular**. Blindar-se contra a violência passou a ser privilégio de endinheirados e fonte de lucro para quem oferece proteção, seja na forma de vidros à prova de bala, de sofisticadas armas de fogo ou de homens com licença para atirar.

CARROS BLINDADOS E COM VIDROS ESCUROS SÃO CADA VEZ MAIS COMUNS NOS CENTROS URBANOS.

Proteção particular converteu-se em mercadoria e afinal, em casos extremos, símbolo absurdo de *status* social."

(Extraído de: WERTHEIN, Jorge. *O Estado de S. Paulo*, 18 mar. 2002.)

## OS JOVENS E O TRÁFICO INTERNACIONAL DE DROGAS

Segundo a ONU (Organização das Nações Unidas), que divulgou em 2004 o **Relatório mundial sobre drogas**, o Brasil é um dos grandes alvos dos traficantes internacionais de drogas.

O alerta é baseado em diversos fatores. Segundo informações da pesquisa, o consumo de drogas se estabilizou nos países desenvolvidos, e os traficantes começam a buscar novos mercados. Na Europa e EUA, o consumo, segundo o relatório, está saturado. Como o nível de consumo dos jovens brasileiros ainda é considerado relativamente baixo, sugere-se a existência de um mercado a ser explorado.

Segundo um quadro comparativo divulgado pelo Undoc (escritório da ONU que ajuda a combater o tráfico de drogas e a criminalidade), 3% da população mundial consome **drogas ilícitas**. Os dados indicam que 2,3% da população mundial consome maconha, enquanto, no Brasil, o consumo é de apenas 1%.

Apesar desses números, vale observar que a situação de jovens brasileiros envolvidos com o tráfico é bastante grave. Entre 2001 e 2004, o **tráfico de drogas** foi o crime mais praticado por menores do Rio de Janeiro. É o que revelam as estatísticas disponíveis na 2ª Vara da Infância e da Adolescência do Rio.

Nesse intervalo, 4.472 crianças e adolescentes foram condenados por tráfico – menores de 18 anos recebem medidas socioeducativas, conforme o Estatuto da Criança e do Adolescente. É um número superior ao de condenações por furto, segundo crime mais comum no mesmo período, com 4.239 registros.

Já em São Paulo, o **roubo qualificado** – com uso de arma de fogo – lidera as internações na Fundação Casa (Centro de Atendimento Socioeducativo ao Adolescente – antiga Febem). Dos 6.625 internos, 54,2% praticaram esse crime. O tráfico é o segundo, com 10,8%, seguido pelo homicídio, com 9,3%.

## *RAP* NÃO É SINÔNIMO DE VIOLÊNCIA

Do inglês *rhythm and poetry* (que significa ritmo e poesia), o *rap* surgiu nos Estados Unidos, na década de 1970. Bem diferente de outros estilos musicais, impulsionou a criação de um estilo de vida conhecido por **movimento *hip hop*** – do qual fazem parte o ***break*** (dança de rua) e o **grafite** (desenhos e pinturas feitos nos muros).

Sempre com a intenção de dar vozes aos excluídos da sociedade, sobretudo aos jovens, o *rap* tem sido alvo de uma crítica muito comum: a de que suas músicas **incentivam o crime e a violência**.

Em setembro de 2006, numa reportagem sobre um encontro de *rappers* do Brasil, o DJ Cia, do grupo de *rap* Família RZO, comentou: "Tiramos algumas músicas do nosso show, pois sabemos que elas podem influenciar a rapaziada mais jovem. Há fãs desta safra mais nova que não conhecem a realidade como um todo e levam tudo ao pé da letra, como se fossem ordens". E afirmou que a **temática das letras** não é a única responsável pelo comportamento violento do público: "Os caras organizam eventos horríveis, em lugares lotados, onde, às oito da noite, já tem gente esperando por um grupo que vai tocar às quatro da manhã. Não tem como não rolar treta".

*BREAK*, DANÇA DE RUA QUE FAZ PARTE DO MOVIMENTO *HIP HOP*.

Thaíde, um dos primeiros *rappers* do Brasil, disse que o *rap* simplesmente retrata a realidade dos artistas, que é muito dura mesmo. Mas Pixote, também da Família RZO, disse que vai rever suas letras mais violentas. Para ele, embora as músicas falem realmente de seu passado, acabam não sendo entendidas pelos fãs mais novos, que ficam com a ideia de que, só porque a música é em ritmo de *rap*, precisa falar de violência.

## CABEÇA DE PORCO

Com a intenção de refletir um pouco mais sobre violência e juventude, MV Bill, autor de músicas como "Soldado do Morro", Celso Athayde, empresário de *hip hop*, e Luis Eduardo Soares, antropólogo e especialista em conflitos urbanos na América do Sul, se reuniram para escrever o que seria um dos mais reveladores livros já escritos no Brasil sobre violência e juventude: **Cabeça de Porco**.

Nesse livro, eles relatam o dia a dia de jovens que se envolvem com o tráfico de drogas e a violência armada organizada no Brasil. Como MV Bill e Celso Athayde nasceram na Cidade de Deus e na Favela do Sapo (duas grandes favelas cariocas), tiveram a oportunidade de falar sobre um tema do ponto de vista de quem já conviveu de perto com ele. Assim, registraram depoimentos colhidos em pontos de venda de drogas em nove cidades diferentes, retratando uma realidade vivida por jovens de várias partes do Brasil.

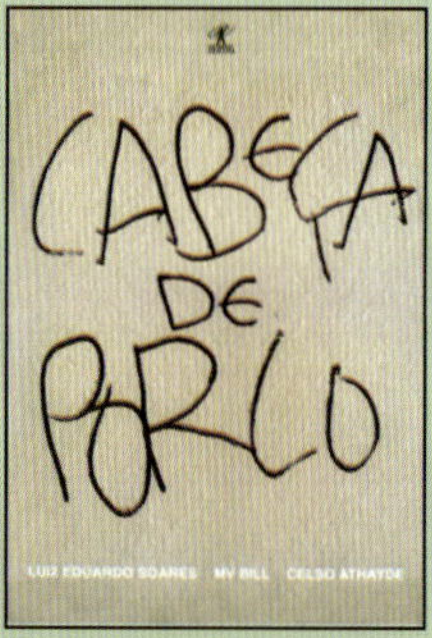


Segundo Luis Eduardo Soares, um dos autores do livro, a semelhança entre a realidade vivida por esses jovens foi um dos maiores achados do livro: "As semelhanças entre essas cidades são as seguintes: meninos pobres, frequentemente negros, são recrutados pelo tráfico, cada vez mais jovens. Nesse processo, que eles não controlam e mal conhecem, primeiro eles são vítimas, depois ocupam a posição de algozes; e finalmente, voltam a ser vítimas acabando os seus dias de forma precoce e cruel".

## PICHAÇÃO É CRIME

PICHAÇÃO EM MURO PÚBLICO: VANDALISMO QUE LEVA À PRÁTICA DE VIOLÊNCIA.

Previsto na **Lei de Crimes Ambientais** 9605/98, art. 65, pichação é crime sim. A pena varia de três meses a um ano de detenção e multa. Se os infratores forem menores de idade, podem ser intimados a trabalhar na limpeza e pintura das áreas pichadas.

Tido como uma das portas de entrada ao universo das drogas e do crime, a pichação é um **ato de vandalismo** que deve ser combatido. Atualmente, cidades de todo o Brasil vêm enfrentando esse problema, que afeta não apenas o patrimônio público, mas também traz danos a estabelecimentos comerciais e casas particulares.

Diferente do grafite, cuja preocupação é de ordem estética e que cada vez mais se afirma como arte, a pichação tem o propósito de causar estragos a bens públicos e particulares. Em geral, o pichador faz parte de gangues que concorrem entre si, como verdadeiras quadrilhas, depredando muros, prédios e monumentos. Para eles, quanto mais difícil o acesso em que for deixada sua marca, maior será o prestígio entre os membros do grupo.

Em Porto Alegre, cidade que vem enfrentando a questão da pichação como um problema de **segurança urbana**, foi preso em agosto de 2006 um dos maiores pichadores da cidade, identificado pela polícia pelo codinome "Dano". Preso junto com outro pichador, eles estavam munidos com mais de 50 *sprays*, latas de tinta, pincéis e rolos e depredavam o muro de uma escola. Ambos foram encaminhados à delegacia local, onde foi constatado que Dano, aos 26 anos, já tinha mais de 18 antecedentes criminais registrados na Polícia Civil.

"Importante é que a cidade está cuidando da cidade, ninguém quer o vandalismo. As pessoas estão participando ativamente e utilizando o Disque-Pichação para fazer as denúncias", afirmou o secretário municipal de Direitos Humanos e Segurança Urbana. Em Porto Alegre, o Disque-Pichação recebe denúncias no número 153, 24 horas, atuando com apoio da Polícia Civil, do Ministério Público e da Brigada Militar.

Capítulo 9

# A mulher

Era muito bonita. Devia ter quase trinta anos. Cabelo comprido, encaracolado, pintado de ruivo. Um jeans apertado, camiseta. Tinha presença. Entrou no bar, sentou numa das quatro cadeiras do fundo, perto do banheiro fedido, e pediu uma cerveja.

Osmar nunca a tinha visto antes, mas não se espantou muito. De vez em quando acontecia de algum estranho furar o pneu ali por perto e trazer na borracharia, e enquanto Antônio consertava, a pessoa entrava ali para passar o tempo, tomar alguma coisa.

Ele serviu a cerveja e voltou para trás do balcão.

O bar estava vazio, como sempre, nas tardes mortas das segundas-feiras.

Ela bebeu quieta, rápido, e depois fez um sinal para Osmar, querendo pagar. Osmar se aproximou, enxugando as mãos num pano seboso.

– Três reais.

– Tá – ela disse. – E me dá duas rifas também.

Ele se espantou, mas manteve a linha:

– No momento a gente não tá rifando nada não, senhora.

Ela olhou bem nos olhos dele:

– Olha aqui, meu amigo... é Osmar, não é? ... não me faz perder tempo não. Tô sabendo da rifa. Sou jornalista. Se eu der um telefonema neste celular aqui, daqui a dez minutos a polícia chega, com o fotógrafo do jornal também e até a tevê.

– O que a senhora quer de mim? Não tô entendendo.

– Quero entrar na rifa.

– Que rifa?

– Da pistola do traficante, cara! Quer que eu comece a gritar?

– Calma. Olha, isso é coisa aqui da gente, do morro, das internas, tá me entendendo? Não é pra gente de fora.

– Me dá duas folhas da rifa!

– A senhora não sabe onde tá se metendo.

– Você é que não sabe onde está se metendo, cara. Vai pegar as rifas de uma vez!

– Não vou...

– Cala a boca. E presta atenção. Pega esse meu cartão aqui. Quero que você dê o meu telefone pra esse tal de Nando. Diz que eu quero fazer uma matéria com ele. Não vai sair nome de ninguém. Diz que eu achei muito bacana ele querer rifar sua arma pra sair do mundo do crime. Só quero fazer uma entrevista. E só sai no jornal depois do sorteio.

– E se ele não quiser falar com a senhora?

– Vai ser burrice. Eu já sei de tudo mesmo. Sei os nomes. Osmar, Nando, Marcinho... e sei que o morro todo tá comprando. Se ele não quiser falar comigo, eu faço a reportagem assim mesmo, só que aí eu coloco os nomes certos. Até o seu, senhor Osmar, com endereço do bar e tudo. No **domingo** que vem.

As edições de **domingo** dos jornais são aquelas de maior circulação e índice de leitura: como as pessoas têm mais tempo nesse dia, o conteúdo é mais extenso e elaborado, com inclusão de suplementos especiais. Notícias com potencial de grande repercussão têm a sua publicação geralmente reservada para este dia da semana.

– Assim a senhora me ferra.

– É isso aí. Fica esperto. Diz ao Nando que ele tem dois dias. Agora vai. Me traz duas rifas, que é pra dar uma força pra ele. Não parece, mas eu sou gente boa. Meu nome é Lena.

...

E foi assim que Osmar deixou o bar entregue à patroa e partiu para o barraco de Nando, que estava de cueca, assistindo a desenho animado na tevê.

É claro que Nando não quis ligar para ela. De jeito nenhum.

– Tá maluco, tio? Sair no jornal! O Marcinho me mata na hora! E até eu vou dar razão pra ele.

– Ela disse que a reportagem só sai depois do sorteio. Daí você já tá longe, fazendo fralda.

– Imagina. Eu não vou entregar essa parada toda prum jornal.

– Olha aqui, garoto. Agora é o meu que tá na reta. Essa mulher tá sabendo de tudo. Se você não falar com ela, não sai entrevista, mas sai a reportagem, e sai já, domingo que vem, com o nome da gente.

– Eu não vou falar com jornalista nenhuma.

– O Marcinho se garante. Ninguém mexe com ele. Tu, é só se mandar, cair no mundo, ninguém te acha. Mas o burro do Osmar, que quis te ajudar, que tem endereço certo, que tem um bar com **alvará**... Cara, tudo isso vai sair no jornal. Tô acabado! Vou te dar duas escolhas: ou *tu fala* com ela ou pega tua pistola de volta e tuas rifas e leva pra outro otário bancar a parada.

O **alvará** é o documento emitido pelo poder público que autoriza a prática de uma atividade no endereço em que está registrado. Um comércio com alvará tem licença para funcionar, ao contrário de um grande número de estabelecimentos irregulares em atividade – não apenas na favela ou na periferia, mas também em zonas residenciais de luxo.

Na manhã do dia seguinte, depois de muito pensar e ver que não podia fazer isso com o tio, muito contrariado e assustado, Nando ligou para Lena de um orelhão.

Marcaram um encontro na Praça da República, um parque muito grande, no centro da cidade.

***

Capítulo 10

# A entrevista

Nando disse que ia aparecer de boné vermelho. Foi sem boné nenhum. Queria ver a jornalista primeiro. É fácil reconhecer alguém que está procurando um homem de boné vermelho.

Também não se vestiu como ela devia estar imaginando. Um negro do morro, do tráfico, bermudão, camiseta, cara de marrento, tênis importado, tatuagem. Ele não era assim. Estava de jeans, camisa comprida de mangas dobradas, tênis preto.

Podia ser um bote da polícia, vingança daquele vereador safado. Podia sair daquela preso, algemado ali mesmo. Ou morto por algum "alemão", os soldados das facções inimigas. Por tudo isso, pedira emprestado um **trinta e oito** ao Vasco. A Voz não dissera nada contra defender a própria vida.

**Trinta e oito** é sinônimo do revólver desse calibre, o mais conhecido entre as armas de fogo portáteis.

Mas também podia ser verdade. Uma entrevista mesmo. Marcinho já dera uma. Com gravação de DVD e tudo. Tinha ficado bacana. O rosto coberto por uma camiseta de marca. Na varanda da mansão dele, com o Rio de Janeiro no fundo. No dia que passou no jornal ele tirou a maior onda, chamou a rapaziada para ver, tomaram cerveja, rolou até um churrasco depois.

Nando tinha dado um trato no cabelo, feito a barba. Osmar descrevera Lena, e Nando quis impressioná-la. Estava se sentindo importante. Ia ser entrevistado. Ia sair no jornal. Não é qualquer morador de favela que sai em jornal. Dava prestígio. Um monte de traficantes fazia atrocidades só para aparecer.

Foi fácil reconhecer a moça.

Ela estava sentada num banco, no meio da praça central, um lugar de onde podia ver todo mundo. Nando sentou ao lado dela e começou a ler um jornal. Teve vontade de rir quando passou um garoto, uns 16 anos, de boné vermelho, e ela quase levantou para ir atrás dele.

Era mesmo uma mulher muito bonita.

– Eu disse que tinha 24 anos – ele falou. – Aquele ali é muito garoto.

Lena se assustou, mas controlou-se rápido:

– Tudo pode ser mentira. Até você não ser você.

– Eu sou eu. Você vai ter que acreditar. Não vou te mostrar meus documentos.

Riram.

– Esse jornal aí... – ela apontou com o queixo. – É onde eu trabalho. Você sabia? Eu não disse.

– Não. Comprei só pra disfarçar. Era o mais barato.

– O preço e as matérias são de acordo com o público.

– Isso eu não entendo. O povo já vive na violência, pra que comprar um jornal desses, que só fala de crime?

– A gente gosta de ler o que entende, o que é familiar. Deve ser isso. E também porque tem pouco texto, fotos grandes e nenhuma palavra difícil. Não gosto de pensar muito no assunto, senão tenho vontade de largar tudo, e não posso. Preciso pagar minhas contas.

– Eu também.

– Vender cocaína não é exatamente a mesma coisa.

– Mas é também uma coisa que eu não gosto de fazer e sou quase obrigado.

– Você não é obrigado.

– Eu disse quase. E você também não é obrigada a escrever num jornal que não gosta. Mas precisa.

– Não tem comparação. Cocaína mata.

– Quando o teu jornal sabe que o prefeito, ou o governador, roubou, e faz um acordo por fora, e não publica, também tá matando uma porção de gente, de fome, de doença em frente a um hospital que não atende...

– Você não pode comparar um jornalista com um traficante.

– Nas sextas-feiras tem **baile funk** lá no alto do morro. Se a polícia não levar uma grana do tráfico ela não deixa o baile acontecer. Aparece até helicóptero na parada. Mês passado eles quiseram o dobro do acertado. O Marcinho se recusou e deu a grana de sempre. A polícia invadiu o co-

Uma das principais formas de diversão da periferia carioca, o **baile funk** acontece em ruas, salões, quadras de escolas de samba e em casas noturnas. Ao som do funk carioca, que mistura sons eletrônicos e letras de linguagem muitas vezes vulgar, os frequentadores criam uma dança extravagante, com movimentos que muitas vezes simulam práticas sexuais.

meço do morro, dando pé na porta dos barracos. Dois soldados meus atiraram pro alto, pra avisar, e saíram fora. A polícia descarregou metralhadora nos becos. Uma senhora de 73 anos apareceu na janela pra ver o que era e morreu. Era a dona Rita. Lavava roupa pra fora, pra sustentar os dois netos. No dia seguinte o teu jornal disse que foi a gente que matou ela. Ficou por isso mesmo.

– Tá. Meu jornal não presta. Tem uma porção de safados lá dentro. A gente não fala mal de anunciante, e isso inclui os políticos. A gente não fala sempre a verdade. Tá satisfeito? Mas não venha me dizer que o tráfico de drogas é melhor.

– Não. É pior. Mas pelo menos eu tô tentando cair fora.

Lena olhou para ele e sorriu:

– Legal. Nessa você me pegou.

– Eu sei que tráfico de droga é bem ruim, mas não é o demônio. Não existe demônio. Mas, se existisse, pra mim era a **corrupção**. Se você pensar, quem é pior: o cara que vende cocaína pra quem quer comprar ou o vereador que rouba o dinheiro da merenda escolar?

Prática arraigada nas diversas esferas de poder no Brasil e em vários outros países, a **corrupção** consiste em usar o poder, em especial o de um cargo público, para agir em interesse próprio ou de terceiros, e não para o bem comum. São exemplos de corrupção os desvios de verba pública, o suborno e o abuso do poder para se obter acesso a informações particulares e confidenciais.

– Isso já é a entrevista. Tudo bem?

– Tudo bem. Mas nada de gravador. Eu nem vou te revistar. Mas se algum dia aparecer uma fita com a minha voz, você tá morta.

Lena tirou um bloco e uma caneta da bolsa.

Nando riu:

– Desculpa. Mas eu sou um traficante mau.

– Tá. Vou lembrar disso.

– O acordo é não botar nome de ninguém na reportagem, e só publicar depois do dia 17 do mês que vem.

– Isso. Senão você também me mata.

– É. Traficante mau. Não esquece.

– Não vou esquecer. Sem problema. Vamos lá. Você nasceu no morro?

– Nasci.

– Teus pais ainda moram lá?

– Minha mãe mora. Comigo e o meu irmão, que levou uma bala da polícia nas costas e só anda de muleta. Meu pai sumiu.

– Você estudou?

– Colégio municipal. Faltou um ano pra terminar o colegial.

– Parou por quê?

– Tá brincando? Não sei nem como é que consegui chegar no segundo grau. Sem pai não dá pra estudar. Tem de trabalhar cedo.

– Tem morador de favela que consegue.

– Tem. Mas eu não consegui.

– Como é que você entrou pro tráfico?

– Foi só botar a cabeça fora da janela, cara. O movimento tá ali, o tempo todo. Um amigo te dá um toque, te pede um favor, você precisa de uma grana rápido... quando vê já tá trabalhando.

– Chegou a gerente...

– Um amigo virou chefe da boca e me chamou pra ser gerente. Não subi matando ninguém.

– Marcinho?

– É. Você sabe um bocado de coisa.

– Pode apostar.

– Como é que descobriu que eu tô rifando meu berro?

– Cara, não é o segredo mais bem guardado do ano. Todo o morro sabe, e eu tenho meus informantes lá dentro. E os meus informantes nem o jornal sabe quem são.

– Então sabe por que tô fazendo isso.

– Sei. Quer comprar uma máquina de fazer fralda descartável e virar empresário.

– Isso.

– Nando, eu vou ser sincera. Achei essa tua história incrível. Saquei logo que você devia ser um sujeito diferente. Eu também me acho uma jornalista diferente. Sei que trabalho pra um jornal safado, que explora a miséria, que acoberta os políticos e a polícia, mas quando ouvi falar no que você tá fazendo resolvi investigar e fazer uma matéria legal. Humana. Tá entendendo? Somos todos humanos. Um traficante de cocaína é um ser humano, caramba.

– Pouca gente acha isso.

– Cara, me diz... De onde é que você tirou essa ideia maluca de fralda descartável?

Nando então contou sobre o carro preto, a mulher e o bebê, o jornal, a estatística, o tiro na testa, a voz, o desejo de não morrer, de ter um filho, de ser um pai diferente do pai dele, de não abandonar o filho nunca, e o jornal de novo, a revelação, a máquina de fazer fraldas descartáveis...

Lena ouvia. Às vezes se esquecia de anotar e pedia para ele repetir. Estava distraída, reparando como Nando era um homem bonito, forte, seguro, sofrido, interessante, charmoso, desamparado, louco para ter um filho...

– Vamos almoçar juntos? Tô cheia de fome – ela propôs, de repente.

***

Capítulo 11

# A polícia

A cada folha de talonário vendida a sorte de Nando aumentava. Quando Osmar vendeu a de número 470, fez questão de ligar para o celular do sobrinho e avisar que ele agora só tinha 10% de chance de ver o capim crescer pela raiz.

Agora, a uma semana do sorteio, já passara do número 800, e Osmar precisava guardar os canhotos numa lata de 20 quilos de margarina. Ligou para dizer que o sobrinho só morria se tivesse muito azar.

– Vou arrumar mais de seis paus pelo berro – Nando fez os cálculos de cabeça. – Isso dá pra máquina, pro material... e prum presente pra Lena.

– *Tu vai* ver ela de novo?

– Tá pintando um rolo. Ela tem um bebê, ainda de colo. O pai abandonou eles. Foi pra São Paulo, só pra ganhar mais dinheiro. É um garoto esperto. Igual àquele que eu vi dentro do carro preto. Eu me amarrei nele. A Lena...

– Já tem freguês pra fralda.

– A gente se gosta. Já tá rolando. Ela vem aí, no dia do sorteio.

– Ficou maluco?

– Tá tranquilo. Ela quer escrever o que vai acontecer. É justo. Nem deu pra dizer não. Quando ela quer uma coisa...

Osmar desligou e ficou distante, passando o pano sobre o mesmo pedaço de balcão por uns cinco minutos, pensando como as decisões podem mudar a vida das pessoas. Mesmo as decisões malucas. Dava para sentir que a vida de Nando estava mudando, era sorte. O sobrinho envergara algum pedaço do próprio destino, e sua vida ia tomando outro rumo...

E tão distante estava Osmar que não percebeu que dois homens fortes haviam sentado em volta de uma das mesas e o chamavam. Levou um susto grande. Não se pode falar em boa sorte antes de as coisas terminarem de acontecer. Os dois homens eram da polícia. Estavam fardados e tudo.

Isso era raro, mas acontecia. Era um bar público, no pé do morro. Muitas vezes um ou dois camburões paravam ali, para cumprir um plantão, e um ou outro policial vinha beber ou comer. Os dois queriam almoçar.

– Almoço não tem – Osmar explicou –, mas eu preparo uma farofa com torresmo, linguiça e carne assada com o que tem ali no balcão.

– Pra mim tá bom – disse um deles, o mais gordo e alto.

– Você não tem frango? – o outro perguntou.

– Não – disse Osmar. – Hoje não.

– Para de comer frango, cara – o mais gordo resmungou. – Você come frango todo dia.

– Eu gosto.

– Minha patroa disse que os frangos de hoje são cheios de **hormônio** feminino. Eles enchem os pintos de hormônio, pra crescerem mais rápido e ficarem com os peitos grandes.

Embora seja amplamente divulgada como prática comum na avicultura, a utilização de **hormônios** para que os frangos cresçam rapidamente e ganhem mais peso é proibida no Brasil.

– Não é todo frango que tem isso – o outro se defendeu. – De repente o frango do senhor aí não tem. Como é o seu nome?

– Osmar.

– Não fala bobagem. Ninguém cria mais frango. Não compensa. Eles vêm tudo da granja. E cheios de remédio. Hormônio feminino. Você vai ficar com o peito grande.

– Que nem o teu.

– Isso aqui é gordura legal. Gordura de macho.

– Vai a farofa? – Osmar cortou.

– Vai – o que queria frango decidiu. – E traz uma cerveja também.

Osmar foi preparar os dois pratos, rezando para não chegar ninguém querendo comprar rifa. Dona Inês ajudou, passando os pedaços de carne assada na frigideira, enquanto ele prestava atenção na porta, para fazer sinal a algum desavisado do tráfico que quisesse entrar.

Mas deu tudo certo. Quase até o final.

Eles pediram a conta. Isso também era raro. Polícia não gostava de

pagar a despesa. Era um ritual. O dono do bar dizia que era cortesia e ficava tudo certo. Mas pagaram. E, quando Osmar veio com o troco, o mais gordo pediu:

– Agora pega quatro folhas da rifa pra gente, sangue bom.

As pernas de Osmar ficaram bambas.

– A rifa da bicicleta já acabou.

– Não esquenta. A gente tá sabendo.

– Osmar... a gente não tá aqui como polícia não. Fica frio – disse o que queria frango.

Mas Osmar estava apavorado demais para ficar frio. Tinha certeza de que tinha sujado. E muito. Havia uma pistola com a numeração raspada, enrolada num pano de prato, atrás das latas de óleo. Até explicar que focinho de porco não era tomada, e com a **folha corrida** que ele arranjara antes de virar dono de bar, já podia contar com pelo menos uns dois anos de cana.

**Folha corrida** é um atestado que informa o histórico de registros de uma pessoa nas diversas instâncias públicas criminais.

– Mas eu não sei de que rifa os senhores tão falando. Verdade – ele ainda tentou.

– A da pistola automática! – o mais gordo falou, palitando os dentes.

– Não deixa o meu camarada nervoso, não – disse o outro. – Presta atenção. A gente ficou sabendo, tem tempo, e não fez nada contra, fez? Então? O que a gente quer é comprar a rifa mesmo.

– A gente podia até tomar o berro, não podia? Era só dizer: traz ele aqui. Você ia lá e pegava, não pegava?

– Mas não. A gente tá querendo ser bacana. Não criar caso. Na paz. Pode falar pros homens lá em cima. É na paz mesmo. Mas traz logo quatro rifas que a gente tem que voltar pra viatura.

– Não fica com essa cara, Osmar. Tá limpo. A gente faz uns bicos por fora, tá me entendendo? Umas **injustiças**. Uns preconceitos. Uns serviços pagos, por fora. Mas não tem nada a ver com o pessoal aqui do morro. Nem com a polícia. O serviço tem que ser bem feito, não deixar rastro. Pra isso a gente precisa de uma pistola com número raspado, sacou? E às vezes a gente tem de jogar ela fora, logo depois de terminar o serviço. É uma grana.

Quando há a demanda de uma ação armada que não cabe à polícia, como acerto de contas entre traficantes, ela é frequentemente realizada por pessoas pagas por uma das partes para esse fim, longe dos olhos da justiça. O trabalho é apelidado de **injustiça**, não sem ironia, pelos que o praticam. Alguns exemplos são assassinatos por encomenda e surras para ameaçar quem deve dinheiro ao traficante.

– De repente eu uso a pistola também quando for fazer serviço de segurança em rua de bacana – o outro lembrou – Tenho vergonha do meu trinta e oito todo descascado. Se eu ganhar um berro novo vai ser maneiro.

– Só tem sorte quem arrisca, não é não?

– Vai lá, Osmar. Descola quatro rifas pra gente.

Osmar foi. Não conseguia nem falar. Voltou com quatro folhas. Eles foram embora.

Quando Osmar entrou na cozinha trazendo os pratos sujos, dona Inês se espantou:

– Você ficou branco.

– Então tô cinza. Mulher, isso não vai dar certo.

– Nada. Vai ver é só isso mesmo. Eles querem concorrer, como todo mundo.

– O problema não é nem esse.

– E qual é?

– No dia 17.

– Que que tem?

– No sorteio. Vai tá o morro todo aqui no nosso bar. O Nando. O Marcinho. Os moradores, o pessoal do tráfico. O jornal. Só faltava a polícia.

– Agora não falta mais. Melhor entregar a Deus, velho.

***

CAPÍTULO 12

# A tchutchuca

Foi uma semana difícil para Osmar e Nando.

As quarenta e sete folhas de rifa na mão de Marcinho e as quatro na da polícia se transformaram em pesadelos à medida que a noite do dia 17 se aproximava.

A primeira providência de Osmar foi esconder bem a grana dos talões vendidos. Nas rifas comuns, o dono do objeto rifado ia pegando o dinheiro à medida que entrava, descontados os 10%. Se rifava alguma coisa, é por que estava duro, precisando urgente de algum. Naquela, porém, Osmar ficou com medo de que Nando se mandasse do morro. Ele podia até ser sobrinho, mas se Marcinho ganhasse a pistola era melhor que a cabeça de Nando estivesse por perto, porque o chefe ia querer estourar alguma, e bem podia ser a do titio.

Uma coisa pelo menos estava dando certo. As rifas não paravam de vender. Nando comprou mais dois talões de cinquenta folhas.

– Eu não fazia ideia do tanto que o pessoal precisa de um berro hoje em dia – ele comentou com Lena, enquanto comiam uma pizza num restaurante da Zona Sul.

– É defesa – ela disse. – Mas é também ferramenta de trabalho. A gente pode fazer uma lista de uns dez tipos de crime diferentes, mas pra todos eles o sujeito precisa ter uma arma.

– Daí o governo querer desarmar o povo aquela vez.

– Isso é fácil. Quero ver é impedir os políticos de receber um por fora dos produtores de armas. Já viu que não passa uma **lei contra a fabricação**?

O Estatuto do Desarmamento, de dezembro de 2003, estabelece regras rígidas para o registro, a posse, o porte e o comércio de armas de fogo no Brasil. Mas não há, no país, uma **lei contra a fabricação** de armas de fogo – apenas as de brinquedo têm a produção proibida.

No vocabulário do funk, a gíria **tchutchuca** é usada como sinônimo de mulher atraente e é o título de uma das músicas do grupo Bonde do Tigrão, responsável, em 2001, pela explosão da moda do funk para além dos limites da periferia. Na sequência, começaram a fazer sucesso as cantoras do funk, ou **funkeiras**, Tati Quebra-Barraco e Deize Tigrona (embora funkeira também seja usado para designar qualquer adepta do ritmo).

– É. O governo deixa fabricar, deixa vender, lucra com imposto. Depois quer comprar por uma bagatela.

– Governo é o melhor negócio que tem.

– Escuta, Lena... Eu não tô achando legal você aparecer lá no dia do sorteio. Antes já era uma furada. O pessoal do tráfico não gosta de rosto desconhecido na área. Agora então, com dois polícias na parada, ninguém sabe o que vai rolar.

– Agora é que não perco esse sorteio por nada, cara.

– Sério. Não vai não...

– Vou, Nando. Você acha que eu vou te deixar sozinho nisso? Eu gosto de você. Muito. Sabia? Já pensei em tudo. Vou disfarçada.

– Maluca.

– Vou de **funkeira**.

– Como é que é?

– Vou como tua **tchutchuca**.

– Pirou.

– Me aguarde.

...

E foi o que Nando teve de fazer. Aguardar.

Osmar foi contra:

– Ela é de outra classe, garoto. Polícia e morador de morro é até tudo igual, tudo pobre. A jornalista vai chamar muita atenção. Neguinho vai desconfiar logo. E se a polícia ou os bandidos ficam sabendo que tem jornal na área, aí a coisa desanda de verdade, e *tu dança*, Nando, com certeza.

– Cada dia que passa você tá ficando mais nervoso, tio. Relaxa. A cabeça que tá na roda é a minha.

– Tá esquecendo que tudo vai acontecer no meu bar? Esse bar é a única coisa que eu tenho. É daqui que eu tiro meu pão. É por causa dele que eu consegui ficar velho.

– E você quer que eu faça o quê? Ela vem de qualquer jeito. Só se eu matasse ela, mas eu tô ligadão. Tamos pensando até em juntar os trapos. Morar junto. Não dá pra matar a mina. A única coisa que eu posso fazer pelo senhor é tomar um tiro na cabeça, se for preciso. Quer mais?

Mas não havia o que fazer. Ninguém seria capaz de convencer Lena a mudar de ideia. Ela considerava a rifa daquela pistola uma história

tão forte que queria de qualquer maneira descrever seu clímax: a noite do sorteio.

E foi assim que, no final da tarde do dia 17, no apartamento de Lena, sentado no sofá, Nando viu uma funkeira sair do quarto e não acreditou.

Até o jeito de andar. O corpo muito empinado dentro de uma calça jeans. A cintura seis dedos abaixo do umbigo. A camiseta sem manga, seis dedos acima. O cabelo frisado, preto. As tatuagens falsas nos braços. Os óculos escuros. O chiclete na boca.

Lena parou na frente dele:

– Cara... Não sei como elas conseguem... Essa calça tá tão justa que não sinto mais as pernas. Levei quinze minutos pra entrar dentro dela. Acho que vou ter de ir ao médico pra me despir.

– É que nem disco voador. Eu tô vendo, mas não tô acreditando.

Foram no carro dela até o morro.

***

## DE ONDE VEM A VIOLÊNCIA?

Os cientistas sociais costumam apontar dois tipos de causa para a criminalidade: as causas estruturais e as causas concretas.

As **causas estruturais** estão relacionadas às condições sociais, políticas e econômicas que fazem com que a sociedade seja do jeito que é. Entre essas condições, existem as que, combinadas, levam ou dão lugar à criminalidade.

Por exemplo: nosso país foi colonizado de maneira violenta, o que, de certo modo, propiciou o extermínio dos índios e a escravidão dos negros. Até hoje, sentimos as consequências dessa forma de colonização. O fim da escravidão foi declarado em 1888, com a Lei Áurea, assinada pela princesa Isabel, mas ainda em nossos dias negros e índios são tratados com preconceito e têm menos oportunidades do que os brancos.

Desde a formação do Brasil, também a riqueza foi organizada e dividida de modo extremamente injusto: poucos ficam com muito, e muitos ficam com quase nada. Esses e outros **contrastes**, isolados, não justificam a existência da violência, mas propiciam a sua ocorrência.

A má distribuição das terras, por exemplo, é uma das causas dos altos índices de violência na área rural brasileira. De acordo com dados do relatório *Conflitos no campo Brasil* 2004, publicado pela Pastoral da Terra em 2005, foram registrados 1.801 distúrbios, envolvendo mais de 1 milhão de pessoas no ano de 2004, o maior índice em 20 anos de pesquisa.

As **causas concretas**, por outro lado, são menos gerais e dizem mais respeito ao indivíduo. O consumo de drogas (ilícitas, como a cocaína, ou lícitas, como o álcool) pode fazer com que algumas pes-

ANÚNCIOS PUBLICITÁRIOS DESPERTAM O DESEJO PELO CONSUMO.

soas fiquem mais propensas a cometer atos ilegais e violentos. A desestruturação familiar, ou seja, a quebra de harmonia no ambiente doméstico, causada pela falta de diálogo, pelo individualismo ou até pelas dificuldades econômicas, também pode ser apontada como uma causa concreta da violência.

A **sociedade de consumo de massa** e a **opinião pública** também interferem de forma direta na educação do indivíduo, moldando seus valores e a percepção da realidade que o cerca.

Os meios de comunicação (a televisão, as revistas, os jornais etc.), os anúncios nas vitrines e prospectos das lojas, os panfletos distribuídos nas ruas e os letreiros e *outdoors* fixados em quase todos os lugares por onde passamos nos bombardeiam o tempo todo com informações de novos produtos e serviços. Essas informações criam desejos e também ajudam a distinguir ainda mais as diferenças sociais e a segregação dos indivíduos: quem não tem uma roupa da moda, um tênis ou um carro do momento, por exemplo, se sente fora da sociedade onde todos "deveriam" ter isso ou aquilo. Esse mal-estar causado pela falta do que a sociedade de consumo prega como obrigatório para a felicidade também pode levar à violência.

A sensação de **impunidade**, o pensamento de que a justiça no Brasil só é aplicada em alguns casos e que, na maioria das vezes, não pune o verdadeiro criminoso, também pode ser uma motivação para a prática da violência. Um exemplo claro da impunidade são os chamados **crimes de colarinho-branco**, cometidos por políticos ou empresários corruptos que desviam dinheiro público ou privado em benefício próprio.

A MÁ DISTRIBUIÇÃO DAS PROPRIEDADES RURAIS É UMA DAS MAIORES CAUSAS DA VIOLÊNCIA NO CAMPO. NA FOTO, CONFLITO ENTRE INVASORES DE TERRA E A POLÍCIA.

## NEM TODO MUNDO É PUNIDO

Uma vez na prisão, os criminosos são submetidos a condições precárias. Muitos deles perdem a vida na cadeia antes de terem sido levados a julgamento.

Em 1992, uma tragédia fez com que o Brasil e o mundo voltassem a atenção para a insustentável situação dos presídios no país: o **massacre do Carandiru** (veja boxe *Massacre do Carandiru: relato da tragédia*, na pág. 72), quando uma rebelião de presos na Casa de Detenção de São Paulo, mais conhecida como Presídio do Carandiru – desativado e implodido em 2002 –, foi sufocada pelos agentes penitenciários com o assassinato de 111 detentos.

O episódio chamou a atenção da imprensa para o **perfil do preso** encarcerado na Casa de Detenção: boa parte (35%) dos detentos tinha menos que 30 anos, apenas 3% apresentava nível superior e a maior parte deles (74%) nem sequer chegou a completar o primeiro grau. Os brancos eram a maioria, representavam 57%, enquanto os negros, 15%. Na Detenção, 66% dos presos tinham sido condenados por assalto e roubo, 15% por homicídio e 2% por estupro.

No entanto, o dado mais chocante é que 84% dos mortos aguardavam julgamento, ou seja, ainda nem tinham sido condenados. Dos 111 mortos no massacre, 51 tinham menos de 25 anos. De acordo com as investigações, a maioria dos detentos foi morta com tiros na cabeça ou no peito, demonstrando que os policiais realmente atiraram para matar.

INTEGRANTES DE ENTIDADE DE DEFESA DOS DIREITOS HUMANOS FAZEM PROTESTO EM FRENTE AO FÓRUM ONDE FOI JULGADO O CORONEL QUE COMANDOU O MASSACRE DO CARANDIRU.

O fato, porém, mais estarrecedor de todo esse episódio sombrio é que até agora **nenhuma pessoa foi punida** pelo ocorrido. O coronel Ubiratan Guimarães, que comandou a operação, foi o único dos 120 supostos autores do crime a ser condenado na Justiça. Mas ele não precisou cumprir nenhum dia da pena de 632 anos de prisão: recorreu da sentença e pôde esperar um novo julgamento em liberdade.

Em 1997, ele chegou até a ser eleito deputado estadual por São Paulo, usando para fazer campanha o 111, que foi o número de mortos do massacre que comandou. Em 10 de setembro de 2006, o coronel foi encontrado morto em seu apartamento, assassinado com um tiro no abdome.

VISTA AÉREA DOS PRESOS DA CASA DE DETENÇÃO DO CARANDIRU, EM SÃO PAULO (SP), VIGIADOS POR POLICIAIS MILITARES DO BATALHÃO DE CHOQUE APÓS TÉRMINO DE REBELIÃO EM 2001.

## PODER PARALELO

Forma ilegítima de autoridade, o **poder paralelo** concorre com o poder político, chegando muitas vezes a superá-lo. Embora não declarado abertamente como uma instituição, sua existência é indubitável, tamanha a força e a eficiência de suas ações. No Brasil, é exercido pelos chefes do **crime organizado**, sobretudo traficantes de drogas.

É nas favelas, nos morros e nos grandes centros urbanos que sua atuação é mais evidente: onde há influência do poder paralelo não existe lei, defesa, estado de direito, tampouco segurança. São os dirigentes do crime, como o Marcinho da nossa história, que ditam as regras, agindo sem piedade contra os que desobedecem às suas leis e socorrendo a comunidade, que os protege contra as investidas da polícia e se coloca à disposição dos mandos e desmandos do grupo organizado em troca de benefícios que vão desde infraestrutura até vinganças particulares.

Em São Paulo e no Rio de Janeiro, os maiores centros urbanos do país, a atuação do poder paralelo se faz pela ação de dois grandes grupos organizados: o Comando Vermelho e o Primeiro Comando da Capital.

Foi na década de 1970 que surgiu no Rio de Janeiro o **CV (Comando Vermelho)**, com o intuito de defesa e reivindicação de melhorias no sistema, dada a situação calamitosa nos presídios.Posteriormente, o Comando Vermelho tornou-se uma organização exterior aos presídios, que tem como intuito não mais a defesa dos direitos dos seus membros, mas a organização do crime, principalmente o gerenciamento do tráfico de drogas em alguns morros e favelas.

Em São Paulo, no início da década de 1990, surgiu o **PCC (Primeiro Comando da Capital)**, organização formada, inicialmente, por presidiários. No ano de 2001, o PCC organizou uma das maiores rebeliões em presídios do Brasil e, em maio de 2006, provocou a maior crise de segurança pública no Estado de São Paulo, ao coordenar, de dentro dos presídios, atentados contra quartéis da Polícia Militar, Civil e Bombeiros, além do assassinato de diversos policiais. Atualmente, o PCC segue o rumo do CV, administrando o crime fora das cadeias, mobilizando os presos em ações organizadas e praticando resistência no interior das prisões.

MORADORA DE RUA DA ZONA SUL DO RIO DE JANEIRO FAZ "CV" COM AS MÃOS, SÍMBOLO DA FACÇÃO CRIMINOSA COMANDO VERMELHO.

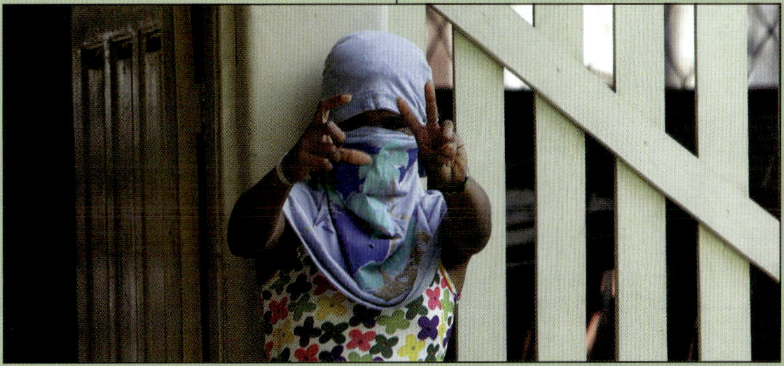

PRESOS REBELADOS COM FAIXAS DO PCC, NO TELHADO DA PENITENCIÁRIA DE JUNQUEIRÓPOLIS.

## "O HOMEM É O LOBO DO HOMEM"

É muito provável que você já tenha ouvido essa frase, uma afirmação que pertence ao filósofo inglês **Thomas Hobbes** (1588-1679), autor de clássicos da política como *Leviatã* e *Do cidadão*.

Hobbes tinha uma visão pessimista da natureza humana: achava que o estado natural do ser humano era o conflito, porque todos querem tudo para si e não hesitam em usar a violência para atingir seus objetivos. Por isso, "o homem é o lobo do homem", ou seja, o pior inimigo da espécie humana é o seu semelhante.

Mas, de acordo com o filósofo, o homem também tem interesse em acabar com essa guerra de todos contra todos (a qual ele dá o nome de "**estado de natureza**"), em que reina a insegurança e o medo dos outros homens. Por isso, os homens se organizam em sociedades, de acordo com o que Hobbes chama de **contrato social**.

THOMAS HOBBES, FILÓSOFO INGLÊS.

Por esse contrato, o homem abre mão de seu direito individual à violência em favor do Estado (na figura de um chefe soberano), um poder e uma autoridade central que regula o convívio entre os indivíduos, evitando a volta à guerra, ao "estado de natureza".

Dessa forma, para viver em sociedade, o homem concede ao Estado o monopólio da violência, que fica com o **direito exclusivo de punir** da maneira que achar melhor quem agir contra as normas estabelecidas.

## MASSACRE DO CARANDIRU: RELATO DA TRAGÉDIA

*"Sexta-feira, dia 02 de outubro de 1992, duas horas da tarde, pavilhão 9 da Casa de Detenção (Carandiru), onde tudo começou. Hoje já faz dez dias que aconteceu o massacre. Mas, ainda é muito forte em minha memória, as marcas (sic) de terror vividas naquele dia. Tudo começou com uma briga entre dois presos. (...) Um dos presos, muito ferido a golpes de faca, não aguentou. Seus companheiros (...) resolveram se vingar e começaram tudo. (...) Os funcionários do pavilhão 9 tentaram interferir. Eles queriam controlar a situação batendo em todos, até naqueles que não tinham nada a ver com o tumulto. Foi onde tudo deu início (sic), os presos revoltados por apanharem, resolveram bater em alguns funcionários, que saíram correndo, para fora do pavilhão 9, gritando 'rebelião'. (...)*

JANELAS DA CASA DE DETENÇÃO DE SÃO PAULO, DO COMPLEXO DO CARANDIRU, COM FAIXA DE PROTESTO PELA MORTE DE 111 PRESOS DO PAVILHÃO 9.

*[Quando o batalhão de choque chegou] todos os presos gritavam 'A polícia tá subindo'. Todos nós ficamos em silêncio, mas logo o silêncio foi quebrado. Quebrado com gritos pavorosos, latidos de cães, e muito barulho de tiro. (...) Todos nós estávamos com muito medo, ouvimos policiais gritarem 'Vocês são lixo, animais, e precisam morrer'. Vimos policiais chegarem nos guichês dos xadrezes e, colocarem a metralhadora apontada para dentro e, metralharem todos, como se fossem ratos."*

(Trechos de carta de M.A.S. enviada para o Núcleo de Estudos da Violência da Universidade de São Paulo, em 12 de outubro de 1992. Arquivo da autora Regina Célia Pedroso.)

## SER VIOLENTO NÃO É LEGAL

Em entrevista à revista *Carta Capital na Escola* de maio/junho de 2006, o professor Yves de La Taille, do Instituto de Psicologia da Universidade de São Paulo, comenta com pesar o fenômeno chamado de **glamorização da violência**, ou seja, uma espécie de idealização da violência, a partir de uma visão fantasiosa da realidade. O que passa a ideia de que ser violento pode ser legal.

"Hoje, ser violento dá mais orgulho do que ser pacífico, embora seja muito mais corajoso você ser justo e pacífico do que ser injusto e violento. Existe uma certa glória, um valor positivo associado à violência, uma 'virtude' bem perceptível no cinema e na televisão." Para o professor, essa ideia da violência como algo até belo e desejável é um dos fatores que podem contribuir para que os jovens acabem se interessando por ela.

Há atualmente inúmeros estudos sobre os efeitos da excessiva **exposição à violência** na mídia. A identificação com modelos agressivos e a banalização da violência, que nos faz enxergá-la como algo comum, são exemplos que podem levar a crer que é aceitável a conduta violenta para a solução de problemas.

Mas aqui é preciso lembrar que a raiva – ou o sentimento de irritação – é uma emoção humana. Para a psicóloga Maria Tereza Maldonado, se bem conduzida e bem direcionada, a raiva é um sentimento que forma a base da capacidade de ser assertivo, de lutar por objetivos e de defender-se quando atacado. No entanto, quando a reação agressiva fica fora de controle, a raiva tende a expressar-se por **condutas violentas** inaceitáveis.

CENA DO FILME *CLUBE DA LUTA*: GLAMORIZAÇÃO DA VIOLÊNCIA, QUE LEVA A CONDUTAS INACEITÁVEIS.

## SEM ESQUECER A CORRUPÇÃO

Praticamente todos os dias, os jornais, as revistas e a televisão anunciam um novo **escândalo político** no nosso país. A corrupção e o desmando são tão grandes e envolvem tantas pessoas que até fica difícil acompanhar o desenvolvimento dos casos para saber se alguém vai ser punido.

Na Internet, há sites como o ***Dicionário Brasileiro da Corrupção*** (www.politicavoz.com.br/corrupcaoepolitica/dicionario), que tentam explicar alguns dos escândalos da política brasileira.

Na página citada, o internauta encontra definições de termos como **crime do colarinho-branco**, **CPI**, ***lobby***, **nepotismo** e **peculato**. Também são relatados, resumidamente, casos famosos como o dos Anões do Orçamento (1993), o da Máfia dos Fiscais (1998) e o do Mensalão (2005).

CAPÍTULO 13

# A grande noite

Às sete da noite as pessoas começaram a chegar. Foram saindo de seus barracos, vestindo roupas de festa. O sorteio estava marcado para as nove.

Vivendo em espaços pequenos, famílias inteiras dentro de cubículos, dormindo na cozinha, na sala, onde a privacidade é um luxo, qualquer pretexto servia para sair de casa. Mas aquela noite era mesmo especial. Era a primeira vez que um traficante mostrava para toda a comunidade que ia mudar de vida. Era a primeira vez que alguém rifava um berro. A sorte ia decidir se ele ia poder fazer isso ou levar um tiro na cabeça.

Havia torcida dos dois lados, como sempre. Marcinho, por exemplo, torcia muito para ser o sorteado. Arrependera-se um pouco. Devia ter apagado logo o amigo, para servir de exemplo. A rifa tinha tomado proporções imprevistas. Vendido muito. O morro só falava naquilo. As 47 folhas de rifa agora davam chance demais a Nando de escapar com vida. Se ele caísse fora do tráfico e se desse bem como empresário, muitos garotos iam ficar com aquilo na cabeça, e talvez não fosse tão fácil recrutá-los no futuro. Em compensação, se Marcinho ganhasse a rifa, o povo ia aprender que ninguém escapa de seu destino.

O bar do Osmar era pequeno, por isso dona Inês, com seu senso prático, alugara mesas e cadeiras de plástico e espalhara na calçada, embaixo da marquise, e além, invadindo a rua de paralelepípedos.

Osmar andava tão nervoso, achando que ia ser uma tragédia, e que seus dias estavam contados, que sua mulher teve de pensar em tudo. Ela contratou um rapaz para servir as mesas e uma menina para ajudá-la na cozinha. Comprou muitos engradados de cerveja. E quilos de moela e coração de galinha. Colocou espetinhos de frango e carne na brasa. Fritou pastéis e sardinhas.

– A gente pode até se dar mal no final – ela explicou ao marido. – Mas até lá dá pra ganhar uma boa grana.

Quando Nando chegou com Lena, já havia muita gente nas mesas. Parecia uma festa de família. Crianças, velhos, mulheres, homens, todos que compraram rifas, e seus parentes, e filhos, e netos, e os amigos, e as torcidas.

Todos bebiam e riam, e falavam de futebol, e um grupo acompanhava a novela com as cadeiras viradas para a calçada oposta, onde uma dona de casa colocara uma tevê na janela.

Solidário à iniciativa da mulher, mas apavorado por dentro, Osmar se desdobrava abrindo garrafas, anotando o consumo das mesas, gritando pedidos para a cozinha, tão agitado que, só quando Nando chegou, parou para tomar uma batida de limão e tentar se acalmar um pouco.

A princípio nem reconheceu a jornalista.

– Noite animada – ela disse.

– Nem me fala, dona. Só quero ver quando chegar a bandidagem e a polícia.

– Fica frio, tio – Nando passou o braço sobre seus ombros. – O Marcinho já sabe que os polícias que vêm aqui não tão a serviço. É coisa particular deles. Não vão se estranhar.

– Mas e se eles ganharem a pistola, será que o Marcinho deixa? A pistola era dele...

– Deixa. Acho que deixa sim. O Marcinho tá com a intenção de respeitar o resultado. Tô sabendo. E aí, tio? Já dá pra me passar a grana?

– Não leva a mal, Nando, mas só um pouco antes do sorteio.

– Ainda tá achando que eu vou te deixar na roubada?

– Quando a grana entrar no teu bolso a tentação de cair fora vai ser grande demais. Eu, por exemplo, cairia. E se eu não confio nem em mim, é ruim de confiar nos outros.

Lena e Nando tomaram uma cerveja no balcão. Olhando o povo que não parava de chegar, ela comentou:

– Como é que uma pistola une as pessoas...

– É nada – Nando resmungou. – Isso é falta de cinema, teatro, livro... Esse povo não tem nada pra fazer. Só vê televisão.

– Você tá nervoso?

– Que que você acha? Pode ser meu último dia vivo.

– Para com isso.

– Mas tá valendo a pena. Só pra te ver vestida de tchutchuca...

– Bobo.

– Cara, fala sério... não tenho a menor ideia de como tudo isso vai acabar.

O povo chegava e cumprimentava Nando. Uns o abraçavam, diziam baixinho que ele estava certo, que era um exemplo para os outros garotos. Uma mãe ficou com os olhos cheios de água quando disse, com muito medo de ser ouvida, que seu filho também estava pensando em deixar de ser soldado do tráfico e entrar para uma escola de circo. Queria ser malabarista. Outra pediu emprego para o filho na futura fábrica de fraldas. Um homem se ofereceu como vendedor das fraldas para os asilos. Um outro pediu fraldas de graça para sua mulher, que estava inválida numa cama há cinco anos.

Lena ouvia aquelas histórias, desesperada por não poder anotá-las. Não podia ficar escrevendo em um bloco, vestida de funkeira, e Nando a proibira de trazer um minigravador. Teria de guardar tudo na memória.

Um menino de dezesseis anos, que Nando reconheceu como um dos vapores de Marcinho, disse a Nando que se ganhasse a pistola ia trocá-la por uma guitarra elétrica, o sonho da vida dele.

E não parava de chegar gente.

Não havia mais lugar dentro do bar, e as mesas do lado de fora já estavam todas ocupadas.

Oito e meia.

Chegaram os dois policiais. Osmar ficou muito aliviado. Não estavam fardados. Vinham **à paisana**, discretos, com as armas bem escondidas. O rapaz que atendia na calçada armou uma mesa para eles e colocou duas cadeiras. Eles pediram cerveja, e começaram uma discussão sobre os hormônios femininos nas moelas e corações de frango.

Quando um militar usa trajes civis, diz-se que está **à paisana**. Este é um recurso comumente usado por policiais para se infiltrar em comunidades e surpreender criminosos em atividade.

Um olheiro desavisado, informado que havia policial na área, disparou uma rajada de morteiro para o céu. O povo riu. Tenso.

Osmar queria que aquela noite acabasse logo. Dona Inês, não. Há muito tempo não faturavam tanto e ela se esquecera completamente do perigo.

Dez para as nove.

Marcinho afinal chegou. Em grande estilo. Cercado por mais de dez soldados, fora o Maluco, sempre um passo atrás dele.

O rapaz armou quatro mesas para acomodar toda a tropa. As pessoas ficaram um tempo em silêncio, até Marcinho e seu grupo se acomodarem. Aos poucos o burburinho voltou.

Osmar tornou a ficar aliviado. Marcinho respeitara seu bar. Estavam todos com as armas escondidas. Nada de fuzis, granadas nem metralhadoras. Apenas revólveres, discretos, nos cós das bermudas, embaixo das camisetas.

Pediram cerveja e espetos de carne.

Marcinho acenou para Nando e sorriu. Um **carrasco** magnânimo.

Osmar, suando em bicas, assistiu a uma cena arrepiante. Os dois policiais e Marcinho se cumprimentaram, com um sinal de cabeça. Aquilo podia explodir a qualquer momento. Estava tudo por um fio.

A noite caíra, escura. Só havia a lâmpada dentro do bar. A da marquise estava queimada, e a da calçada, em frente, estranhamente queimara também, justo naquela noite. Aquilo era coisa do tráfico. O ambiente era escuro, e muito agitado. Eletricidade no ar. Fagulha perto de barril de pólvora.

Às nove horas em ponto Nando pediu o dinheiro para Osmar.

– Agora você tem de me pagar, tio. Já tá todo mundo aqui. O Marcinho tá ali, cercado de soldados. Não dá nem pra eu pensar em fugir.

– Tudo bem. Mas vou fazer logo esse maldito sorteio.

Dona Inês ouviu e reclamou:

– Espera mais um pouco, velho. Ainda tem cinco engradados de cerveja e quatro quilos de moela e coração.

– Para com isso, mulher. Sossega.

Osmar abriu uma caixa de madeira, no armário embaixo da pia, e tirou um pacote embrulhado em jornal, com cheiro de peixe. Colocou o pacote num saco plástico e deu para Nando:

– Pronto. Taí. Mais de seis mil. Boa sorte, garoto. Tu é um cara de coragem.

Os dois se abraçaram.

Nando entregou o pacote para Lena, que o guardou dentro da bolsa.

– Vai começar o sorteio! – Osmar gritou.

***

O funcionário diretamente responsável pela execução de uma sentença de pena de morte (não praticada no Brasil) é chamado de **carrasco** – em referência a Belchior Nunes Carrasco, um algoz que ficou conhecido em Portugal antes do século XVII. Pelo uso, a palavra tornou-se também sinônimo de pessoa cruel.

CAPÍTULO 14

# O sorteio

Todas as atenções se voltaram para o canto do balcão que dava para a rua.

Osmar foi à cozinha e voltou com a pistola, ainda embrulhada no pano de prato. Colocou-a sobre o balcão e a desembrulhou.

Foi um ato mágico.

Um silêncio pesado se estabeleceu imediatamente. Todos congelaram, com a boca aberta, os copos parados no ar, olhando para o bar, para o balcão, para a pistola. Ela parecia ter brilho próprio naquele lugar sombrio e sufocante de fumaça de cigarro e fritura.

Osmar tirou a lata de margarina do armário junto ao chão, onde estavam os canhotos das folhas da rifa, e a pôs ao lado da arma.

– Vamos lá, minha gente – Osmar anunciou. – Nove e vinte. Vamos fazer o sorteio!

Até as crianças ficaram caladas e quietas.

Lena tentava gravar na memória as expressões daqueles rostos.

– Quem vai sortear?

Osmar tremeu. Quem perguntara era o Maluco. A mando de Marcinho.

– Sei lá – Osmar disse. – Não pensei nisso.

Na verdade, ele pensara em enfiar a mão na lata, mexer bem, tirar uma folha e pronto, acabar com aquilo. Agora percebia que não podia ser assim. Podiam acusá-lo de fraude. Na dúvida, o matavam. Não enfiaria a mão dentro daquela lata de margarina nem por todo o dinheiro do mundo.

O mal-estar se espalhou entre as mesas.

Os policiais e os bandidos se olharam.

Foi a mãe de Nando, numa mesa isolada, até então calada e morrendo de medo do futuro, quem aliviou a tensão, gritando:

– Uma menina! A filha da Margarida! Ela joga um punhado de folha pro alto e pega uma! Que nem na televisão!

Cabeças nervosas começaram a fazer gestos afirmativos por todos os cantos. Era uma solução. Só quem não gostou foi dona Margarida. Expor a filha assim, bem perto da confusão. Mas a menina, de sete anos, chamada Cilene, passou entre as mesas toda satisfeita em ser o centro das atenções.

Nando a colocou em pé sobre o balcão, entre a pistola e a lata de margarina.

– Então, minha filha, entendeu? – Osmar explicou. – O tio aqui vai jogar um punhado dessas folhas pra cima e você pega uma...

– O "tio" não vai fazer nada – Maluco tornou gritar. – Quem pega o punhado de folhas e atira pra cima é ela também.

Cilene começou a ficar assustada. Mas balançou a cabeça, para dizer que tinha entendido.

Então o silêncio foi total.

A menina enfiou as duas mãos dentro da lata.

– Mistura bem! – Maluco gritou.

Cilene misturou bem. Pegou uma porção de folhas e atirou para cima.

As folhas foram caindo, devagar, no ar parado do bar. Caíam sobre Nando e Lena.

Cilene pegou uma.

Osmar esperou que todas as outras chegassem ao chão. Depois pegou o canhoto da mão da menina, segurando por uma ponta, como se estivesse em brasa, com o braço o mais afastado possível do corpo, e começou a ler os números.

Àquela altura todas as cabeças estavam baixas, conferindo suas folhas de rifa.

Foi então que Lena gritou!

Foi tudo muito rápido.

Ela gritou:

– GANHEI!

E repetiu.

– GANHEI!

E quando as pessoas ergueram os olhos para ela já viram a cena.

Ela estava com a pistola na mão, no alto da cabeça, gritando GANHEI! GANHEI! sem parar.

E então atirou!

Atirou na lâmpada.

Osmar puxou Cilene para baixo e se escondeu atrás do balcão.

Dona Inês correu para a cozinha.

Todos se levantaram ao mesmo tempo. Mesas e cadeiras caíram. Lena atirou outras vezes, contra o teto. Na escuridão, as pessoas atropelavam umas às outras, tentando sair do bar, enquanto Marcinho e seu bando, com as armas em punho, tentavam entrar.

Pela outra ponta da porta os dois policiais, armados, e furiosos com a mutreta, também tentavam chegar até Nando e à funkeira maluca.

Mas a quantidade de mulheres, crianças e velhos desesperados com os tiros de Lena criou uma tal confusão que por uns momentos ninguém conseguia entrar nem sair do bar.

Nando, que se jogara no chão, sentiu que Lena o puxava pelo braço.

Agachados, rente ao balcão, passando por baixo de duas mesas que ainda estavam de pé, chegaram à calçada, levantaram e saíram correndo em direção ao carro dela.

Tudo isso durou menos de dois minutos.

Quando Marcinho percebeu, Nando e a funkeira já estavam abrindo as portas do carro e entrando. Os dois policiais também viram. Foram os primeiros a atirar.

Não acertaram o carro.

A essa altura a pistola já estava na mão de Nando, que esticou o braço para fora da janela do carona e atirou para trás, mas para o alto, só para aumentar a confusão.

Os policiais e os bandidos tiveram de se proteger antes de voltar a atirar, mas aí já era tarde. Lena saiu cantando pneu e desceu a ladeira em disparada. Na primeira curva já estavam a salvo dos disparos.

E ela continuou correndo loucamente pelas ruas estreitas, até chegar a uma avenida larga, de mão dupla, onde acelerou até o fim, subindo um viaduto a mais de cem por hora. Depois entrou em um túnel, cortando os carros, acelerando sem parar, os dois com o coração aos pulos, sem conseguir dizer uma palavra, até saírem na **lagoa Rodrigo de Freitas** e quase capotarem na descida do viaduto.

Só então Lena desacelerou. Os dois se olharam e riram, histéricos. Estavam fora de perigo. Deram uma volta na lagoa, para se acalmar.

– Sua funkeira maluca – Nando disse. – Para o carro.

– Pra quê?

– Preciso fazer uma coisa. É rápido.

Lena subiu com duas rodas na calçada e parou. Nando saiu do carro, chegou até a beira da lagoa e atirou a pistola na água, o mais longe que pôde.

Cercada pelos mais badalados bairros do Rio de Janeiro, na Zona Sul, a **lagoa Rodrigo de Freitas** é um dos cartões-postais da cidade, onde cariocas e turistas se concentram para caminhar, andar de bicicleta, praticar esportes aquáticos e comer e beber nos quiosques instalados na orla.

***

Capítulo 15

# O futuro

Um ano depois, numa daquelas tardes de segunda-feira em que nada acontecia, Antônio, o dono da borracharia, entrou no bar do Osmar e pediu uma cerveja.

O bar estava vazio. Os pedreiros, os carpinteiros, as diaristas, as enfermeiras, os eletricistas, os boys, os lixeiros... os trabalhadores já haviam descido o morro e se espalhado pelo asfalto. As mães já haviam deixado as crianças na escola. Era muito cedo ainda para o movimento do tráfico. E não havia aparecido nenhum pneu furado. Naquele calor abafado, tomando sua cerveja, Antônio perguntou, quase por acaso:

– Tava aqui lembrando... e aí, teve notícia do Nando? Que fim levou ele?

Osmar se espantou:

– Como é que *tu sabe*?

– Sei o quê?

– Que o Nando me ligou ontem.

– Eu? Eu não sei de nada. Pensei nele agora. Sei lá por quê.

– Coisa esquisita isso. *Tu é* adivinho?

– Não. Sou só borracheiro. O Nando ligou, é?

– Foi. Eu não falava com ele desde aquela noite do sorteio. Ele caiu no mundo. Sumiu. Nem a mãe nem o irmão sabiam do paradeiro.

– Também... tava todo mundo atrás dele. A polícia, os traficantes, e todo o povo que entrou na rifa e achou que foi treta.

– Ele ligou porque ficou sabendo que o Marcinho dançou.

– Coisa feia, hein Osmar?

– É. Morrer assim, novo ainda, queimado dentro dos pneus.

– Mas, que ninguém nos ouça, quem procura acha. Quantos ele matou no micro-ondas, do mesmo jeito? Mas já tem outro no lugar, igualzinho.

Osmar se serviu de um copo de cerveja.

– O Nando tinha razão, Antônio. No tráfico ninguém fica velho. E viver só até os vinte e poucos não é viver. A vida é um filme comprido. Viver até os vinte é que nem assistir só o trailer. Passa tudo muito rápido. Não dá pra entender a história.

– A gente tá envelhecendo, companheiro. Apesar de tudo, no meio dos tiros, da violência, a gente continua.

– Naquele dia do sorteio eu achei que tinha chegado a minha hora.

– Não fizeram nada contigo.

– Nem sei por quê. Quando o Nando e aquela jornalista maluca fugiram eu pensei: tô morto.

– O Marcinho acabou te respeitando. Te defendeu até da polícia.

– Eu peguei o Marcinho no colo. Ele não teve pai. Quase ninguém que trabalha pro tráfico tem pai, já reparou?

– Pai faz uma falta danada.

– Me deixaram em paz. Se foram atrás do Nando, nem fiquei sabendo.

– Mas agora ele ligou, foi? Falando o quê?

– Vai botar um dinheiro na minha conta, todo mês, pra eu dar pra mãe e o irmão dele.

– Garoto bacana.

– Tá morando numa cidade de praia, aqui perto do Rio, mas não quis me dizer o nome.

– Tá certo.

– Tá morando com a jornalista. E com o filho dela.

– E a rifa, Osmar?

– Que que tem?

– Você não perguntou pra ele? Todo mundo sempre quis saber se a jornalista tinha ganhado mesmo.

– Sabe o que ela disse, Antônio? Escuta só. Ela tava conferindo o bilhete, número por número. A rifa tinha oito números, lembra? E os números foram batendo, um por um. E ela foi se empolgando. E enquanto os números iam batendo, ela ia pensando no que ia fazer se ganhasse a pistola.

Aí descobriu que não ia dar certo. Iam achar que era mutreta a pistola sair logo pra funkeira que tava com o Nando. Aí, quando eu falei o sexto número, e era o dela também, ela pirou, não sabe o que aconteceu, só lembra de ter gritado e atirado pra cima.

– Mas e os outros dois números? Ela ganhou ou não?

– A gente nunca vai saber. Eu não ia ficar segurando a porcaria de uma folha de rifa com tanto tiro comendo solto. Larguei o canhoto pra lá e peguei a filha da Margarida, coitadinha, que não tinha nada a ver com isso. O Nando também falou que eles nem sabem onde foi parar a folha da rifa deles. E eu nem sei os últimos dois números.

– Bom... então é isso. Ninguém vai saber.

– A matéria não saiu no jornal. A pistola sumiu. Ninguém reclamou da grana da rifa, pra não se meter em confusão. Foi como se não tivesse acontecido nada. Na paz. Que é o que se quer, não é não?

– Na graça de Deus. E que que o Nando conta?

– Tá estudando. Quer se formar em Administração de Empresas.

– E a máquina de fazer fralda descartável?

– Comprou mesmo. Logo depois. Tá produzindo. Tá ganhando dinheiro. Vende pra hospital, asilo de velho, pra cliente particular. Tem uma freguesia grande. Já comprou uma Kombi pra entrega e tem dois empregados. Tava até pensando em **legalizar a firma**, mas o governo não deixa... com tanto imposto. Continua ilegal.

– Fazer fralda. É uma coisa estranha, não é não, Osmar?

– Sei lá. Deus escreve torto. Tão torto, que ninguém entende. Já tinham o filho dela. Agora a jornalista tá grávida de novo. E já sabem que é de gêmeos. Bom. Vai precisar de fralda pra caramba. Só com uma máquina mesmo.

***

**Legalizar a firma** é tirar uma empresa da informalidade, obtendo licença dos órgãos públicos para sua operação. A legalização de um negócio passa pelas esferas federal, estadual e municipal, com a necessidade de apresentação de documentos e pagamento de taxas. Para manter uma empresa legalizada, é necessário o pagamento regular de impostos.

## O QUE FAVORECE A PIRATARIA?

Os brasileiros sabem que **pirataria é crime** e que a compra de produtos pirateados, falsificados e contrabandeados causa desemprego, lesa direitos, diminui a receita de impostos e alimenta o crime organizado.

Mas, apesar disso, o mercado desses produtos prospera no Brasil, com a participação de aproximadamente 79 milhões de compradores, segundo pesquisa da Fecomércio-RJ (Federação do Comércio do Estado do Rio de Janeiro) em parceria com o Instituto Ipsos (Pesquisa Social e de Opinião Pública).

As principais conclusões da pesquisa são alarmantes, mas nada surpreendentes. O primeiro dado é bastante óbvio: 93% dos consumidores de produtos do comércio ilegal apontam a diferença de preço como principal motivação para a compra. Parte dessa diferença é explicável pela **pesada tributação dos bens de consumo**. Os produtos mais comprados – CDs, apontados por 86% dos entrevistados, e DVDs, indicados por 35% – são muito caros para grande parte dos brasileiros.

Pessoas de pouco poder aquisitivo podem comprar aparelhos eletrônicos a prazo, nas lojas populares, pagando grande número de prestações. Os juros são altos, mas, apesar disso, as parcelas geralmente cabem em seu apertado orçamento. Então, o mais difícil é adquirir os discos e outros produtos de consumo também atraentes – como relógios, óculos, tênis e brinquedos – e que são igualmente muito mais acessíveis nas bancas de produtos falsificados e contrabandeados.

CDs PIRATAS APREENDIDOS SÃO DESTRUÍDOS EM FRENTE AO CONGRESSO NACIONAL, EM BRASÍLIA (DF).

PRÁTICA QUE ALIMENTA O CRIME: COMPRADOR CONSULTA TÍTULO EM BANCA DE FILMES ILEGAIS VENDIDOS NAS RUAS DO CENTRO DE SÃO PAULO.

Quando se perguntou que produtos piratas não seriam comprados, 40% indicaram equipamentos eletrônicos, 37%, programas de computador, e 30%, acessórios para veículos. E isso quando a resposta ética deveria ser "nenhum".

Para a rejeição desses produtos, as justificativas dos entrevistados foram tão racionais quanto a preferência pelo preço mais baixo: 42% apontaram a baixa qualidade como motivo. Para 14%, o problema era a falta de garantia. A intenção de evitar prejuízos para o comércio formal foi mencionada por apenas 5% dos entrevistados.

Mas, apesar dessas respostas, as entrevistas mostraram que os consumidores têm **consciência dos males causados pelo comércio ilegal**: 83% mencionaram que essa prática traz prejuízos para o autor e para o país, pela sonegação de impostos, enquanto 70% apontaram que o comércio ilegal ajuda a manter o crime organizado.

Tudo isso compõe um exemplo notável de como a vantagem pessoal pode pesar mais, nas decisões de cada um, do que a percepção dos males sociais acarretados pelo crime. Ainda que o sucesso do comércio ilegal no Brasil seja mais um efeito das muitas deficiências da nossa economia, é preciso reconhecer que há um caminho para seguirmos na direção do combate à pirataria.

Esse caminho passa essencialmente pela **redução da carga de impostos**, que, num efeito cascata, diminuiria o custo de todas as mercadorias no país. Assim, novos postos de trabalho seriam criados e, paralelamente, o governo poderia investir em infraestrutura que contribuísse para o aumento da capacidade produtiva da indústria nacional. Com isso, quem hoje trabalha na economia informal teria condições de se regularizar, passando a recolher os impostos devidos e a participar ativamente da economia brasileira.

Mas, além da questão tributária, também o fator **cultural** é primordial no meio desse turbulento assunto. Enquanto o povo brasileiro não se conscientizar de que até a compra de um simples CD pirata também move essa engrenagem que gira numa direção errada, continuaremos a conviver com toda essa problemática que não tem nada de esperta ou de vantajosa para ninguém. Por esse motivo, conclui-se que nenhuma solução produzirá grande efeito isoladamente. Além do trabalho de prevenção e de repressão à pirataria, à falsificação e ao contrabando, é preciso dar muito mais peso à participação da sociedade em **campanhas de conscientização.**

(Fonte: Instituto Brasileiro de Ética Concorrencial. Texto adaptado.)

## É POSSÍVEL RESOLVER O PROBLEMA DA VIOLÊNCIA?

Como você já deve ter percebido até aqui, combater a violência é bem mais complicado do que entender as suas causas. De uma briga de casal até o crime organizado, passando pela violência rural, pelas brigas de torcida e pelo comércio ilegal de mercadorias, vimos que, em grande parte, as situações de violência no Brasil são geradas pelas desigualdades sociais e econômicas, pelo uso de drogas e pelos conflitos da vida doméstica.

Atos violentos podem brotar da combinação de vários fatores, mas quando crimes horríveis acontecem, sempre há quem acuse a justiça de ser pouco rígida. Muitos defendem ações mais enérgicas da polícia e da justiça. Os mais indignados pedem até a pena capital, a morte.

Mas, agora que já entendemos que a violência é sintoma de uma sociedade que sofre com as mais diferentes desigualdades, e que os problemas que geram os crimes continuam por aí, vamos analisar: será que bastariam **punições pesadas** para resolver a questão?

A experiência mostra que simplesmente trancar bandidos em cadeias e recolher crianças e jovens em instituições de atendimento a menores infratores (como a Fundação Casa, antiga Febem) não acaba com a criminalidade. O primeiro passo no combate ao crime começa mesmo com a **educação** e a **prevenção**, que vêm colocar em prática ações que possam melhorar as condições de vida da população.

Emprego, renda, acesso à moradia, saúde e educação de qualidade são **direitos básicos** de todos os cidadãos, mas há milhões de pessoas no Brasil que não possuem nada disso. Se não houvesse tanta pobreza e miséria, se todos tivessem emprego, moradia e salário dignos, é claro que haveria menos

O COMBATE À VIOLÊNCIA DEVE COMEÇAR COM A GARANTIA DE MELHORES CONDIÇÕES DE VIDA À POPULAÇÃO CARENTE.

gente disposta a se arriscar na ilegalidade.

Só que tirar a população da miséria, garantir seus direitos e resgatar sua cidadania não é coisa que se faça do dia para a noite. Pelo tamanho dos problemas sociais, econômicos e políticos que enfrentamos em nosso país, dá para imaginar que pode demorar um bom tempo para que toda essa situação seja revertida.

A curto prazo, as melhores medidas a serem tomadas são o combate ao crime organizado e a garantia de melhores condições de vida à população carente, sobretudo crianças e adolescentes. Além disso, o respeito ao **direito alheio** deve ser incentivado não apenas no espaço público, mas também no ambiente privado, em que cada qual deve fazer a sua parte para assegurar a boa convivência com o outro e assim garantir que sua integridade e seus direitos também sejam preservados.

Para que toda a população usufrua de seus direitos, o governo tem de planejar políticas de incentivo à criação de empregos e ao desenvolvimento de projetos sociais, investindo também em práticas de melhoria da educação e de segurança pública. Seja nos grandes centros urbanos ou nas áreas rurais, onde a disputa pela posse de terra tem gerado cada vez mais violência, é necessária a intervenção e a participação ativa de autoridades do governo.

Em contrapartida, é preciso que a população participe, acompanhando a atuação de governantes e parlamentares, cobrando os compromissos firmados e fiscalizando o comportamento de quem é responsável por aplicar o dinheiro público. Não é tarefa fácil, mas é certamente a única alternativa para se garantir um futuro mais seguro e promissor para a nossa sociedade.

MANIFESTAÇÃO DA POPULAÇÃO EM FAVOR DA PAZ.

## SEGURANÇA PÚBLICA: UM DIREITO DO CIDADÃO

As estratégias, os planos que o governo traça para combater o crime e promover a segurança da população são chamados de **políticas de segurança pública**. Por cuidar de uma questão tão complicada, essas ações precisam, além de muito estudo e planejamento, da colaboração de várias áreas do governo, como as que cuidam da educação, da saúde, da justiça, da cultura, do trabalho e da economia.

Entre as políticas de segurança pública mais urgentes atualmente em nosso país, destacam-se:

- Prevenção em relação às causas da criminalidade.
- Proteção às principais vítimas da violência no Brasil.
- Estudo dos criminosos e de suas ações, visando à intercepção de crimes.
- Valorização do policial, garantindo a formação de oficiais mais eficientes, bem preparados e equipados, e com salários dignos.
- Integração entre as ações dos diversos governos e forças de segurança do Brasil e de outros países.
- Reforma do sistema carcerário, para acabar com as superlotações e garantir aos prisioneiros os direitos que lhes são assegurados por lei.
- Reforma do sistema de atendimento a menores infratores, tendo em vista a necessidade de se investir numa política de recuperação social e não de encarceramento.
- Desenvolvimento de ações para reintegrar o ex-detento à sociedade, de modo que ele não volte para o crime.

## SEQUESTRO-RELÂMPAGO

O **sequestro-relâmpago** é um crime que tem assustado os moradores das grandes cidades. Em 2006, somente na capital paulista, houve mais de cem vítimas por mês, em média quatro sequestros por dia.

Cada vez mais violentos, os sequestradores levam em conta dois tipos de vítimas: os **condutores de veículos** e os **pedestres**. As abordagens mais frequentes ocorrem no meio do trânsito ou em locais com pouco movimento, por vezes bloqueando ruas para forçar as vítimas a pararem os carros. Também é comum surpreenderem pessoas quando elas saem de casa ou estão em caixas eletrônicos.

Veja a seguir algumas **orientações da Polícia Militar**:

- Evite atrair a atenção pelo uso de joias, cartões de crédito, cheques, celulares, relógios etc.
- Utilize somente locais de estacionamento permitido e de grande movimento de pessoas.
- Varie as rotas e os horários, quebre rotinas.
- Quando estiver em um veículo, reforce sua atenção nos semáforos, observando o movimento nas proximidades.
- Quando parado em semáforos, evite encostar no carro da frente e procure impedir que o lado esquerdo do veículo fique vulnerável a abordagens.
- Mantenha as portas do veículo sempre trancadas. Na ausência de passageiros, mantenha os vidros fechados.
- Ao chegar em casa (a pé ou de carro) observe as proximidades. Se houver algum suspeito, não se aproxime de sua residência e acione a Polícia Militar.
- Evite andar por ruas ou praças mal iluminadas.
- Quando sair do banco ou do caixa eletrônico, verifique sempre se você não está sendo seguido.
- Não exponha grande quantidade de dinheiro em público. Ao sair de casa, prepare previamente a quantia que será usada para as pequenas despesas.
- Procure utilizar caixas eletrônicos em locais movimentados, como postos de gasolina, shoppings, supermercados e outros centros comerciais.

Caso seja abordado por infratores, é importante lembrar: **não reaja nunca**. E, em caso de suspeitas, telefone para a Polícia Militar: o número é **190**.

(Extraído de: www.policiamilitar.mg.gov.br/arquivos_PDF/sequestro)

## *BULLYING*: A BRINCADEIRA QUE NÃO TEM GRAÇA

Quem nunca foi zoado ou zoou alguém na escola? Risadinhas, empurrões, fofocas, apelidos como "magrela", "rolha de poço", "quatro-olhos". Todo mundo já testemunhou uma dessas "brincadeirinhas" ou foi vítima delas. Mas esse comportamento, considerado normal por muitos pais, alunos e até professores, está longe de ser inocente. Ele é tão comum entre crianças e adolescentes que recebe até um nome especial: ***bullying***. Trata-se de um termo em inglês utilizado para designar a prática de atos agressivos entre estudantes. Traduzido ao pé da letra, seria algo como **intimidação**. Trocando em miúdos: quem sofre com o *bullying* é aquele aluno perseguido, humilhado, intimidado.

"*Bullying* diz respeito a atitudes agressivas, intencionais e repetidas praticadas por um ou mais alunos contra outro. Portanto, não se trata de brincadeiras ou desentendimentos eventuais. Os estudantes que são alvos de *bullying* sofrem esse tipo de agressão sistematicamente", explica o médico Aramis Lopes Neto, coordenador do primeiro estudo feito no Brasil a respeito desse assunto, realizado pela Abrapia (Associação Brasileira Multiprofissional de Proteção à Infância e Adolescência). Segundo Aramis, "para os alvos de *bullying*, as consequências podem ser depressão, angústia, baixa autoestima, estresse, absentismo ou evasão escolar, atitudes de autoflagelação e suicídio, enquanto os autores dessa prática podem adotar comportamentos de risco, atitudes delinquentes ou criminosas e acabar **tornando-se adultos violentos**".

CAMPANHA CONTRA O *BULLYING*: CONSCIENTIZAÇÃO, EDUCAÇÃO E PREVENÇÃO CONTRA A VIOLÊNCIA.

A pesquisa da Abrapia, que foi realizada com alunos de escolas de Ensino Fundamental do Rio de Janeiro, apresenta dados como o número de crianças e adolescentes que já foram vítimas de alguma modalidade de *bullying*, que inclui, além das condutas descritas anteriormente, discriminação, difamação e isolamento. "A pesquisa que realizamos revela que 40,5% dos 5.870 alunos entrevistados estão diretamente envolvidos nesse tipo de violência, como autores ou vítimas dele", explica Aramis.

A denominação dessa prática como *bullying*, talvez até por ser um termo estrangeiro, ainda causa certa polêmica entre estudiosos do assunto. Mas, tenha o nome que tiver, não é difícil encontrar exemplos de casos em que esse tipo de violência tenha acarretado **consequências graves** no Brasil. Em janeiro de 2003, Edimar Aparecido Freitas, de 18 anos, invadiu a escola onde havia estudado, no município de Taiúva, em São Paulo, com um revólver na mão. Ele feriu gravemente cinco alunos e, em seguida, matou-se. Obeso na infância e adolescência, ele era motivo de piada entre os colegas.

Em Remanso, Bahia, em fevereiro de 2006, um adolescente de 17 anos, armado com um revólver, matou um colega e a secretária da escola de informática onde estudava. O adolescente foi preso. O delegado que investigou o caso disse que "o menino sofria algumas brincadeiras que ocasionavam certo rebaixamento de sua personalidade".

Vale lembrar que os episódios que terminam em homicídio ou suicídio são raros mas que não são poucas as vítimas do *bullying* que, por medo ou vergonha, sofrem em silêncio.

Além de haver alguns casos com desfechos trágicos, como os citados, esse tipo de prática também é preocupante por atingir faixas etárias cada vez mais baixas, como crianças dos primeiros anos da escolarização. Dados recentes mostram que a prática de *bullying* tem atingido todas as classes sociais e apontam ainda uma tendência para o aumento rápido desse comportamento com o avanço da idade dos alunos.

# Índice remissivo

# Para saber mais

## Instituições de combate à violência

***Fundação Abrinq*** www.fundabrinq.org.br

Organização sem fins lucrativos, procura promover a defesa dos direitos e o exercício da cidadania da criança e do adolescente. É mantida por pessoas, empresas e agências nacionais e internacionais que lutam pela causa da criança e do adolescente.

***Instituto Sou da Paz*** www.soudapaz.org

Tem como missão contribuir para a efetivação, no Brasil, de políticas públicas de segurança e prevenção da violência que sejam eficazes e pautadas pelos valores da democracia, da justiça social e dos direitos humanos.

***Ministério da Justiça*** www.mj.gov.br

Órgão federal responsável pela manutenção da ordem e pela repreensão de crimes. Compete a esse Ministério garantir a cidadania, a justiça e a segurança pública, através de ação conjunta entre o Estado e a sociedade.

***Organização das Nações Unidas (sede Brasil)*** www.unicrio.org.br

Também conhecida pela sigla ONU, é uma organização internacional formada por países que se uniram voluntariamente para trabalhar pela paz e o desenvolvimento mundiais.

## Fundações e organizações culturais e educacionais

***Ação Educativa*** www.acaoeducativa.org.br

ONG que atua nas áreas da educação e da juventude. Desenvolve projetos que envolvem formação de educadores e jovens, animação cultural, pesquisa, informação e assessoria a políticas públicas.

***Biblioteca Virtual de Direitos Humanos*** www.direitoshumanos.usp.br

Concentra documentos importantes (como os Estatutos da Criança e do Adolescente, do Idoso e do Desarmamento, a Declaração Universal dos Direitos Humanos e o Código do Consumidor), além de artigos da Constituição Brasileira sobre direitos humanos e dados de pesquisas elaborados por instituições como a Organização Mundial da Saúde (OMS) e a Unesco.

***Unesco (Organização das Nações Unidas para a Educação, Ciência e Cultura)*** www.unesco.org.br

Organização que procura a manutenção da paz entre os povos, atua no Brasil e no mundo nas áreas de Educação, Cultura, Ciências Naturais, Humanas e Sociais, Comunicação e Informação.

# Créditos das imagens

Legenda
a - no alto
b - abaixo

8: Patrícia Santos/Folha Imagem
10: Keiny Andrade/Folha Imagem
12: Edson Silva/Folha Imagem
22: Marcos Peron/Folha Imagem
23a: Carlos Silva/Imapress/Agência O Globo
23b: Jarbas Oliveira/Folha Imagem
25: Raul Junior/Editora Abril
26a: César Charlone/02 Filmes/Divulgação
26b: Reprodução
27: Eduardo Knapp/Folha Imagem
30: Luiz Carlos Murauskas/Folha Imagem
34: Regina Agrella/Folha Imagem
35a: Eduardo Knapp/Folha Imagem
35b: Mário Ângelo/Folha Imagem
41: Moacyr Lopes Junior/Folha Imagem
46: Jefferson Coppola/Folha Imagem
47a: Ormuzd Alves/Folha Imagem
47b: Divulgação
48: Eduardo Knapp/Folha Imagem
49: Anna Carolina Negri/Folha Imagem
50a: Egberto Nogueira/Folha
50b: Reprodução
51: Moacyr Lopes Junior/Folha Imagem
57: Paulo Jares
68: Caio Guatelli/Folha Imagem
69: Matuiti Mayezo/Folha Imagem
70a: Juca Varella/Folha Imagem
70b: Patrícia Santos/Folha Imagem
71a: Ana Carolina Fernandes/Folha Imagem
71b: Alex Silva/Agência Estado
72a: http://sk.wikipedia.org/wiki/Thomas_Hobbes
72b: André Penner/Abril Imagens
73: Divulgação
83: Igor Pessoa/Folha Imagem
88: Moacyr Lopes Junior/Folha Imagem
89: Juca Varella/Folha Imagem
90: Rogério Cassimiro/Folha Imagem
91: Eduardo Knapp/Folha Imagem
93: Ana Carolina Fernandes/Folha Imagem

# Quem são os autores?

arquivo pessoal

O carioca ***Ivan Jaf*** nasceu em 1957. Tem mais de trinta livros publicados, algumas peças de teatro encenadas e muitos prêmios. No currículo, há ainda roteiros para cinema e histórias de terror em quadrinhos. Estudou Comunicação e Filosofia nos anos 1970 na UFRJ, passou alguns anos viajando pela Europa e pela América Latina e hoje mora em Santa Teresa, um bairro do Rio de Janeiro.

Quando vai escrever um livro, Ivan faz muita pesquisa e mergulha de cabeça. Foi assim ao escrever a história de Nando em De cara com a violência. A convivência com o povo carioca e o contato com a realidade dos morros, onde as pessoas encaram a vida com seu jeito típico de sobreviver às dificuldades, serviram de inspiração à percepção aguda do autor. E, como não podia deixar de ser, tudo isso regado a boas doses de humor, num estilo que marca todo o seu talento.

arquivo pessoal

A paulistana ***Regina Célia Pedroso*** nasceu em 1966. Doutora em História Social pela Universidade de São Paulo, começou cedo sua incursão pela política e pela história do Brasil, o que lhe rendeu a publicação de vários livros sobre o tema. Ela teve seu interesse despertado pela leitura de Memórias do Cárcere, de Graciliano Ramos: "a partir daí fiquei muito curiosa sobre os mecanismos repressivos na política brasileira".

Neste livro, Regina enfrentou o desafio de levar os jovens a refletir sobre a falta de cidadania dos brasileiros. Para ela, só mesmo a consciência e a reflexão podem levar a uma sociedade mais justa e tolerante. Pesquisadora da área de segurança pública, trabalhou no Instituto Latino-Americano das Nações Unidas para a Prevenção do Delito e Tratamento do Delinquente. Atualmente, é pesquisadora e professora universitária em São Paulo.

SUPLEMENTO DE LEITURA

# De Cara com a Violência

editora ática

Ivan Jaf/Regina Célia Pedroso

**Nome** ______________________________

**Ano** ______________ **Turma** ______________

**Escola** ______________ **Professor(a)** ______________

*De uma briga de casal até o crime organizado, passando pelos conflitos rurais e pelas brigas de torcidas de futebol, a violência está presente no cotidiano de diversas maneiras. Nando, que vive em meio à violência do mundo do tráfico de drogas, acredita que é possível reverter a situação. Ele nos mostra que sonhar, ter esperanças e lutar pode ser o começo para uma grande mudança de vida.*

## I. ENCARANDO A REALIDADE

**1.** A história começa com um acontecimento que deixou Nando chateado e muito pensativo. Faça um breve comentário sobre o ocorrido.

______________________________

**2.** Desde muito cedo, Nando foi marcado pela violência. Seu irmão havia morrido por ter roubado um tênis importado e seu pai, depois de ficar meio louco, começou a bater na esposa, mãe de Nando.

**a)** Quais são os tipos de violência presentes na vida de Nando desde a infância?

______________________________

**b)** Na sua opinião, o que levou o irmão de Nando a cometer um crime por tão pouco? Você já ouviu falar de casos semelhantes? Conte aos colegas.

______________________________

**3.** O comportamento linguístico dos membros de uma comunidade varia de acordo com suas relações sociais, culturais e econômicas. No caso da história que você acabou de ler, o uso informal da linguagem (coloquial) é bastante comum, dado o contexto social em que a narrativa se desenvolve.

**a)** De que contexto estamos falando?

**b)** Leia atentamente o Capítulo 3 e explique o que significam as expressões: (pág. 14) "ficha limpa", "vivia de biscate", "*playboy* da zona sul", "boca mais cobiçada" e (pág. 15) "um alvo de bandeja".

**c)** Dê mais dois exemplos da variante informal da linguagem ao longo da narrativa e aponte o uso padrão das expressões em destaque.

Exemplos:

Variante informal:
"Tu tava se defendendo" (pág. 12)

Uso padrão:

Variante informal:
"A gente foi criado junto, Marcinho" (pág. 41)

Uso padrão:

**4.** Nando gostava de números. Certa noite, ao ler um dado estatístico no jornal, ele ficou chocado. Qual era esse dado e por que deixou o rapaz tão impressionado?

## IV. O FUTURO

**11.** Na noite do sorteio muita gente se reuniu no bar do Osmar. Era gente que não parava de chegar de tudo quanto era canto. Nando resmungou: "Isso é falta de cinema, teatro, livro... Esse povo não tem nada pra fazer. Só vê televisão". Discuta com os colegas:

**a)** Você concorda com Nando? Faltam programas e eventos culturais para a população? O que poderia servir de lazer e entretenimento em lugares violentos?

**b)** De que forma a televisão estimula a violência em nossa sociedade?

**12.** Ao conversar com Antônio, o borracheiro, Osmar diz que Nando está se dando bem com a fábrica de fraldas e comenta: "Tava até pensando em legalizar a firma, mas o governo não deixa... com tanto imposto. Continua ilegal."

**a)** Por que a firma de Nando era ilegal?

**b)** Você conhece outras formas de se trabalhar na ilegalidade? Quais?

**c)** Na sua opinião, Nando continuava ganhando "dinheiro sujo"?

**13.** Você acha que é possível resolver o problema da violência? Por quê?

## III. A HORA DA VERDADE

**8.** Marcinho, chefe de Nando, deu a ele a oportunidade de crescer no tráfico e no crime organizado. No entanto, exigia em troca fidelidade absoluta.

**a)** Qual foi o trato imposto por Marcinho para que Nando pudesse deixar o mundo das drogas?

**b)** Você acha que o uso do poder para impor a uma pessoa algo que ela não quer é também uma forma de violência? Justifique sua resposta.

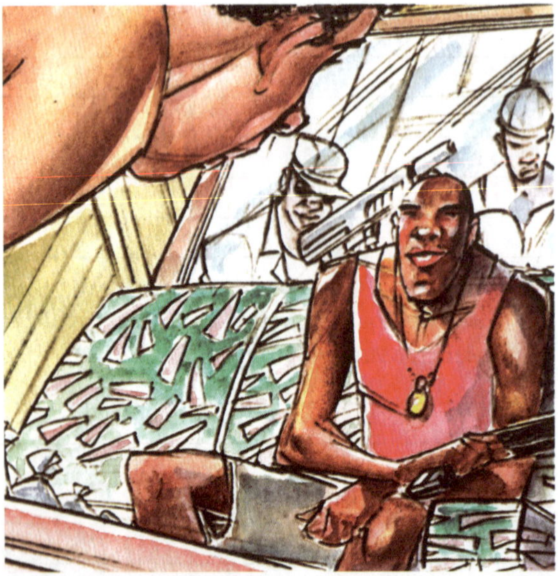

**9.** Ao falar com Marcinho, Nando foi cortado pelo seguinte comentário: "*Tu tá* achando que isso aqui é bagunça? Isso é crime 'organizado', como falam os bacanas". O que você entende por crime organizado?

**10.** Lena fez várias perguntas a Nando, questionando sua participação no tráfico de drogas. Mas ele não deixou por menos e também discutiu com a jornalista: para Nando, pior que o tráfico era a corrupção.

**a)** E você, pensa como Lena ou como Nando? Justifique sua resposta.

**b)** Destaque do texto ficcional um trecho que demonstre a prática de corrupção.

## II. A REVELAÇÃO

**5.** Depois de sofrer um atentado, Nando resolveu mudar de vida.

**a)** Até tomar essa decisão, uma série de fatos lhe foi revelada. Em que ordem esses fatos ocorreram? Numere-os na sequência correta:

( ) O tiro de fuzil acerta Nando quando ele vai até a janela.
( ) Nando vê no jornal uma estatística mostrando o tipo mais comum das vítimas de assassinato.
( ) O anúncio de uma máquina para fazer fraldas descartáveis chama a atenção de Nando.
( ) A porta do carro se abriu e uma mulher apareceu segurando um bebê.

**b)** A partir dessas ocorrências, Nando revê sua vida e decide tomar outro rumo. Por quê? O que ele pretende fazer?

______________________________________

______________________________________

______________________________________

______________________________________

______________________________________

______________________________________

______________________________________

**c)** Qual a sua opinião sobre a mudança radical que seria vivida por Nando?

______________________________________

______________________________________

______________________________________

______________________________________

______________________________________

______________________________________

______________________________________

______________________________________

______________________________________

**6.** Para atingir o seu objetivo, Nando resolve rifar sua arma. Para isso, conta com a ajuda de Osmar. Assinale as informações que condizem com esse personagem:

( ) Era dono de um botequim que ficava na entrada do morro.
( ) Era irmão de Nando.
( ) Era um negro alto e gordo, que estava sempre sorrindo.
( ) Ele emprestou dinheiro a Nando.
( ) Negou-se a emprestar dinheiro a Nando.

**7.** Osmar conta que se lembra como era Marcinho quando criança. Era um menino normal, brincava com Nando, pedia chiclete de graça, tinha de ficar na ponta do pé para alcançar o balcão do bar. Como Osmar explica o fato de Marcinho ter se tornado chefe do tráfico?

______________________________________

______________________________________

______________________________________

______________________________________

______________________________________

______________________________________

______________________________________

______________________________________

______________________________________

## V. VOCÊ ESCRITOR

É, parece que Nando conseguiu mesmo mudar de vida... Com o apoio de Lena, ele abriu sua fábrica de fraldas e começou a construir uma nova história. Mas o que você acha que poderia ter acontecido se Lena não tivesse gritado "Ganhei! Ganhei!" e atirado para o alto? E se Marcinho fosse sorteado? Ou um dos policiais? Como teria sido o fim da história de Nando?
Reúna-se com seus colegas e converse sobre novos desfechos para a história que vocês acabaram de ler. Invente, crie. Pense nas personagens, no cenário, nos acontecimentos. E dê um título original para a sua história!